Hermann Wilhelm

Wildwest München

Sehnsucht, Abenteuer & Romantik in der Stadt

morisel

Lassokünstler des Münchner Cowboy Clubs, 1938

Inhaltsverzeichnis

Vorbemerkung   5

»Völkerschau« und Wilder Westen   9
Wild-West-Vereine und der Cowboy Club München   29
Literatur, Kunst und Film   77
Nachkriegsjahre   121
Der weite Ritt – Ausblick und Schluss   143

Quellenverzeichnis   161
Literaturverzeichnis   161
Bildnachweis   161
Impressum   163

Mitglieder des Cowboy Club München vor der Bavaria, 1956

Vorbemerkung

Manchmal liegt ein Thema einfach in der Luft. So meldet sich Anfang 2018 ein Vertreter der Münchner Karl-May-Gesellschaft, um den Autor dieser Zeilen nach der erfolgreichen Dokumentation »München und der Wilde Westen«, die im Februar 2016 im Kulturzentrum am Gasteig zu sehen war, auch für ein weiteres Projekt zu gewinnen. Exakt zur selben Zeit kommt das Angebot des Verlegers und Film-Fachmanns Lothar Büllesbach, doch analog der oben genannten Dokumentation den Begleittext zu einem geplanten Bildband mit dem Titel »Wildwest München – Geschichte, Kunst und Mythos« zu erstellen. Nur wenige Tage später verweist der inzwischen 88-jährige »Indianermaler« und Wildwest-Kenner Max Oliv in einer Mail auf seine umfangreiche Wild-West-Sammlung und noch am selben Tag flattert eine Einladung des Münchner Cowboy Clubs auf den Tisch, der am 12. April 2018 auf dem Gelände an der Münchner Floßlände sein 105-jähriges Jubiläum feiert. So drängt sich zumindest auf den ersten Blick der Eindruck auf, dass Geschichten und Erzählungen aus dem reichen Erlebnis- und Abenteuerschatz des »Wilden Westens« auch in München eine Renaissance erleben. In einer Zeit, in der in zunehmendem Maße Computer- und Smartphone-Programme den Alltag dominieren, Internet, Facebook, WhatsApp und Twitter das Kommunikationsverhalten und Algorithmen die Arbeitswelt der Menschen prägen, wecken archaische Verhaltensweisen die Sehnsucht nach einer vermeintlich weniger entfremdeten Welt. Vorstellungen von »echtem« Leben mit echten Freunden und echten Abenteuern, bei denen es noch auf das Verhalten und die Entscheidungskraft des Einzelnen ankommt, gewinnen wieder an Bedeutung.

Und die Probleme von damals sind den heutigen ja durchaus ähnlich: So handeln die dem »Wilden Westen« zugeordneten Mythen und Geschichten oder die bekannten Western mit Randolph Scott oder John Wayne in den Hauptrollen vom Kampf gegen die Einengung und Aufteilung der Welt durch Grenzen, Zäune und Stacheldraht. In zahllosen Filmen und Romanen wird der Kampf von Rinderbaronen gegen Klein-Farmer beschrieben, ebenso der allgegenwärtige Rassismus, die Gewalt gegen die amerikanischen Ureinwohner und andere Minderheiten, sowie die Sklaverei in den Südstaaten. Und immer wieder ist da die von Zivilisationskritik genährte Sehnsucht nach dem selbstbestimmten Leben als »Lonesome Rider«, dessen Handeln im besten Fall sogar mit der Natur in Einklang zu stehen scheint.

Eine zirzensisch-theatralische Verarbeitung dieser Themen mit einem Schuss ins Jahrmarkthafte aber ist in

Mitglieder des Velo-Club Wild-West in München (aufgenommen wahrscheinlich vor dem Ersten Weltkrieg). An der Wand im Hintergrund hängen Ansichtskarten und Bilder mit Wildwest-Motiven.

München erstmals schon im Jahre 1890 zu sehen. Die damaligen Protagonisten mit der »Meisterschützin« Annie Oakley – man erinnere sich an das Musical »Annie Get Your Gun« – und dem auch heute noch legendären William F. Cody alias Buffalo Bill an der Spitze, werden das Bild des »Wilden Westens« auf Jahre hinaus entscheidend prägen. Die »Cowboy- und Indianer« spielenden Kinder und Jugendlichen in den Münchner Vorstädten orientieren sich an den Akteuren der Buffalo-Bill-Schau ebenso, wie die zahlreichen vor dem Ersten Weltkrieg entstehenden Wildwestvereine der Erwachsenen. Und eine ganze Flut von Indianer- und Western-Literatur, vom allseits bekannten »Lederstrumpf« über die »Flusspiraten des Mississippi« bishin zu den auch heute noch beliebten Karl-May-Bänden, erobert den Büchermarkt. Als Grundlage für diesen Bildband diente unter anderem das einzigartige und mehrere großformatige Lederfolianten umfassende Archiv des »Cowboy Club München 1913 e.V.«. Die bereits seit der vorletzten Jahrhundertwende gesammelten Bilder und Texte reichen von Original-Fotoabzügen zum Buffalo-Bill-Besuch 1890 über ausführlich dokumentierte Geschehnisse in den 20er, 30er und 40er Jahren bishin zu den aktuellen Vereinsaktivitäten. Deshalb auch an dieser Stelle großer Dank dem CCM, ohne dessen Unterstützung die Realisierung dieses Buches gar nicht möglich gewesen wäre.

Ein weiteres »Thank you« gilt dem Münchner Künstler, Sammler und Indianerfan Max Oliv, der ebenfalls mit Bildern, Tipps und Ratschlägen zur Verfügung stand, sowie den Kunstsammlern Klaus Stein und Gerhard Lack für die Genehmigung zum Abdruck seltener Gemälde und Zeichnungen.

»Nun denn, Saddle Up« für einen Ritt durch die fantastische Welt von über 100 Jahren »Wild West« München!

Hermann Wilhelm

München, Marienplatz um 1895

Abb. rechts
Ankündigung zu Buffalo Bills Wildwest, 1890

»Die gesamten reiterischen Produktionen stehen an Originalität, an equestrischem Wert und an künstlerischem Reiz so hoch über allen bekannten Zirkusproduktionen, dass sie eben als solche gar nicht angesehen werden sollen.«
Die Münchner Neuesten Nachrichten über die Buffalo Bill Show, 21. April 1890

»Völkerschau« und Wilder Westen

Buffalo Bill auf der Theresienwiese
Im April 1890 drängen sich am Münchner Hauptbahnhof die Menschen. Zahlreiche Schaulustige warten auf zwei ausschließlich den Akteuren und dem gesamten Equipment der »Buffalo Bill Show« vorbehaltene Sonderzüge. Denn die schon in den frühen 1880er Jahren in den Vereinigten Staaten entwickelte Wild-West-Show des legendären William F. Cody alias Buffalo Bill ist angekündigt.
Am 19. Mai 1883 hat dessen erstes Projekt mit einer viel umjubelten Vorstellung in Omaha, der größten Stadt Nebraskas, Premiere. Anschließend geht die Truppe auf Tournee durch die verschiedensten Städte Nordamerikas. Buffalo Bill selbst aber hat sich inzwischen vom ehemaligen Militärscout und Büffeljäger zum modernen Geschäftsmann mit einem exzellenten Gespür für Marketing und Werbung entwickelt. Alsbald kennt ihn in den USA jedes Kind.
Im Sommer 1889 reist Buffalo Bill mit seinen Darstellern, dem kompletten Fuhrpark und über 300 Tieren nach Frankreich und startet dort im Rahmen der »Weltausstellung in Paris« die erste große Europa-Tournee. Nach Aufenthalten in Spanien und Italien geht es weiter nach Deutschland zu den Städten Berlin, Dresden, Leipzig, Magdeburg, Braunschweig, Hannover, Hamburg, Bremen, Köln, Düsseldorf und Frankfurt. Und im April 1890 stehen die Vorstellungen in München auf dem Programm.

»Nächst dem Schulhause an der Schwanthalerstraße« errichtet man ein Zeltlager, daneben die 300 mal 250 Meter große Arena. Schon frühmorgens stehen die Menschen Schlange vor der Kasse, die um 13 Uhr 30, eine Stunde vor Beginn der ersten Vorstellung, öffnet. In kürzester Zeit sind alle Vorstellungen ausverkauft. Wer sich keine Eintrittskarte leisten kann, versucht zumindest einen der ebenfalls raren Fensterplätze in den umliegenden Häusern

zu bekommen. Sogar auf den Dächern der Umgebung stehen und sitzen die Neugierigen.

Am 19. April ist es dann soweit. Über 5.000 Zuschauer drängen sich auf den Tribünen. Zu den Ehrengästen der Eröffnungsvorstellung gehören Prinz Ludwig von Bayern, der spätere König Ludwig III., sowie dessen Töchter Adelgunde und Maria, die auf einer speziell für den Hof reservierten und ganz in Weiß-Blau gehaltenen Tribüne Platz nehmen.

18 Tage – inklusive 8 Tage Verlängerung – tritt die Truppe vor einem stets begeisterten Publikum auf. Insgesamt werden über 200.000 Zuschauer gezählt.

Indianer, Cowboys und »Custers letzte Schlacht«

Und das über drei Stunden dauernde Programm hat es in sich. Musikalisch eingeleitet wird das Spektakel durch eine mit grauen Cowboy-Hüten und hohen Ledergamaschen ausgestattete Fünfzehn-Mann-Kapelle, die erst einmal »The Star Spangled Banner«, die spätere Nationalhymne der USA, intoniert. Und dann kommen keine Schauspieler oder Artisten in die Arena geritten, sondern »echte Westmänner« und »echte Indianer«. Laut Programmheft aus dem Jahre 1890 treten unter anderem auf:

- Eine »Gruppe von Arraphoes-Indianern« zusammen mit deren Häuptling Black Heart
- Cowboys und deren »König« Buck Taylor
- Ogallala-Sioux-Indianer und ein Medizinmann namens »Rocky Bear«
- »Fräulein Annie Oakley«, genannt »Little Sure Shot«, die den Gebrauch der Feuergewehre zeigt«.

Die Zuschauer sehen den »Überfall eines Emigrantenzuges durch Indianer und die Verteidigung desselben durch die Grenzbewohner«, einen »Angriff der Indianer auf den Deadwood-Postwagen« und »Custers letzten Kampf«. Das Ganze wird ergänzt durch »Pistolen- und Revolver-Schießen«, indianische Tänze und Gesänge, eine Büffeljagd und ein Rennen auf spanisch-mexikanischen Pferden. Die Hauptattraktion der Schau aber ist natürlich Buffalo Bill selbst. Der am 25. Februar 1846 in Iowa geborene William Frederick Cody ist nach den Angaben in den Programmheften schon als 14-jähriger für den Pony-Express tätig, wird im Alter von 18 Jahren Scout und Meldereiter der 7. Kavallerie der Nordstaatenarmee und avanciert alsbald zum »Chief of Scouts«. Ab 1867 arbeitet er als Büffeljäger für die Kansas-Pacific-Bahn und erlegt in dieser Zeit über 4.000 Tiere. Und Buffalo Bill stellt sich nicht nur als »Postreiter, Postkutscher, Wagenführer, Büffeljäger, Kämpfer gegen Indianer und Haupt der Führer der amerikanischen Armee« dar, sondern inszeniert

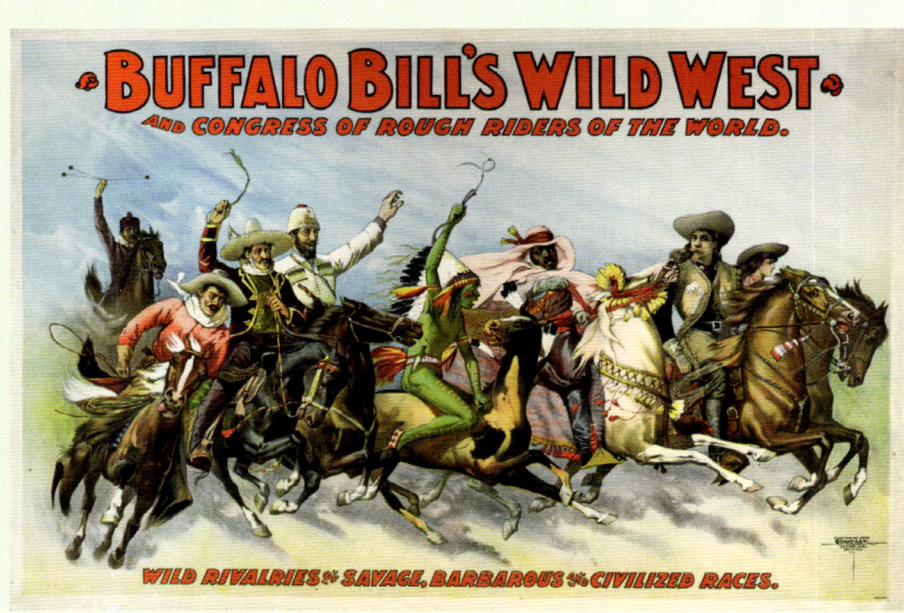

sich auch als historischer Zeitzeuge aus der Welt der Pioniere, der ersten Siedler, der Outlaws und Revolverhelden. Als am 4. Mai die letzte Vorstellung zu Ende ist, wird deutlich, mit welcher Präzision das ganze Unternehmen geplant und durchorganisiert ist. Innerhalb von wenigen Stunden ist das komplette Arrangement abgebaut. Noch am selben Tag, kurz nach 22 Uhr, verlässt die gesamte Truppe die Stadt. Cody eilt inzwischen schon im Schnellzug nach Wien voraus.

Im Jahre 1906 organisiert Buffalo Bill erneut eine Deutschland-Tournee. Mit von der Partie sind diesmal über 800 Darsteller und 500 Tiere. Das Unternehmen firmiert nun unter dem neuen Titel »Congress of Rough Riders of the World«.

1946 wird der inzwischen verstorbenen »Meisterschützin« Annie Oakley, die die Buffalo Bill Show von 1884 bis 1900 begleitet, vom Komponisten Irving Berlin, der Hits wie »White Chrismas« und »There is no business like show business« geschrieben hat, mit dem Musical »Annie Get Your Gun« ein Denkmal gesetzt. Am 16. Mai 1946 feiert man im »Imperial Theatre« von New York Premiere.

Sioux im Panoptikum
Ende des 19. Jahrhunderts ziehen die gerade in Mode kommenden Völkerschauen die Menschen in Scharen an. Im Deutschen Theater und in der Westendhalle, im Kolosseum, im Volksgarten in Nymphenburg und auf zahlreichen Varietebühnen sind plötzlich »exotische Menschen« zu sehen. Auf dem Oktoberfest werden Eskimo-Familien und Südsee-Insulaner, Pygmäen und Liliputaner präsentiert. Das meiste Aufsehen und Interesse aber erregen die inzwischen auch von Münchner Veranstaltern organisierten Indianer-Shows.

1899, knapp zehn Jahre nach Buffalo Bills Wild-West-Schau auf der Theresienwiese, präsentiert Emil Eduard Hammer, der zusammen mit dem Münchner Kinopionier Carl Gabriel das »Internationale Handelspanoptikum und Museum« mit einem Wachsfigurenkabinett in der Neuhauser Straße 1 betreibt, seine erste selbst inszenierte Sioux-Show. Als der Indianer »Red Tail«, Mitglied einer von der Münchner Jugend begeistert gefeierten Sioux-Truppe, an Tuberkulose stirbt, wird dieser am 1. Dezember unter der Anteilnahme zahlreicher Mitakteure und jeder Menge Neugieriger auf dem Schwabinger Friedhof beigesetzt.

Auch der Zirkus Sarrasani unter der Leitung von Hans Stosch, der als Stalljunge in einem Wanderzirkus beginnt und als junger Mann mit der Nummer »Clown Sarrasani and his Funny Family« durch die Lande zieht, hat inzwischen »Indianer-Nummern« in seinem Programm. Ab 1907 treten bei ihm zusätzlich Kunstschützen und Wild-West-Reiter auf.

Zu den erfolgreichen Organisatoren populärer Darstellungen indianischen Lebens gehört auch der Begründer des Hamburger Tiergartens Carl Hagenbeck. Nach dem Besuch der Weltausstellung in Chicago 1893, wo er zum ersten Mal mit indianischen Familien geschäftliche Kontakte knüpft, plant Hagenbeck für Deutschland groß angelegte und aufwendig gestaltete Inszenierungen. 1910 feiert Hagenbeck mit einer Gruppe von nordamerikanischen Oglala-Sioux-Indianern, deren Lebensweise und Bräuche in einem dekorativ nachgebauten Dorf vorgestellt werden, seinen größten Erfolg.

Gegner und Kritiker aber protestieren inzwischen gegen diese Form der »Zur-Schau-Stellung« und bezeichnen die Darbietungen Sarrasanis und Hagenbecks als entwürdigende »Menschen-Zoos«.

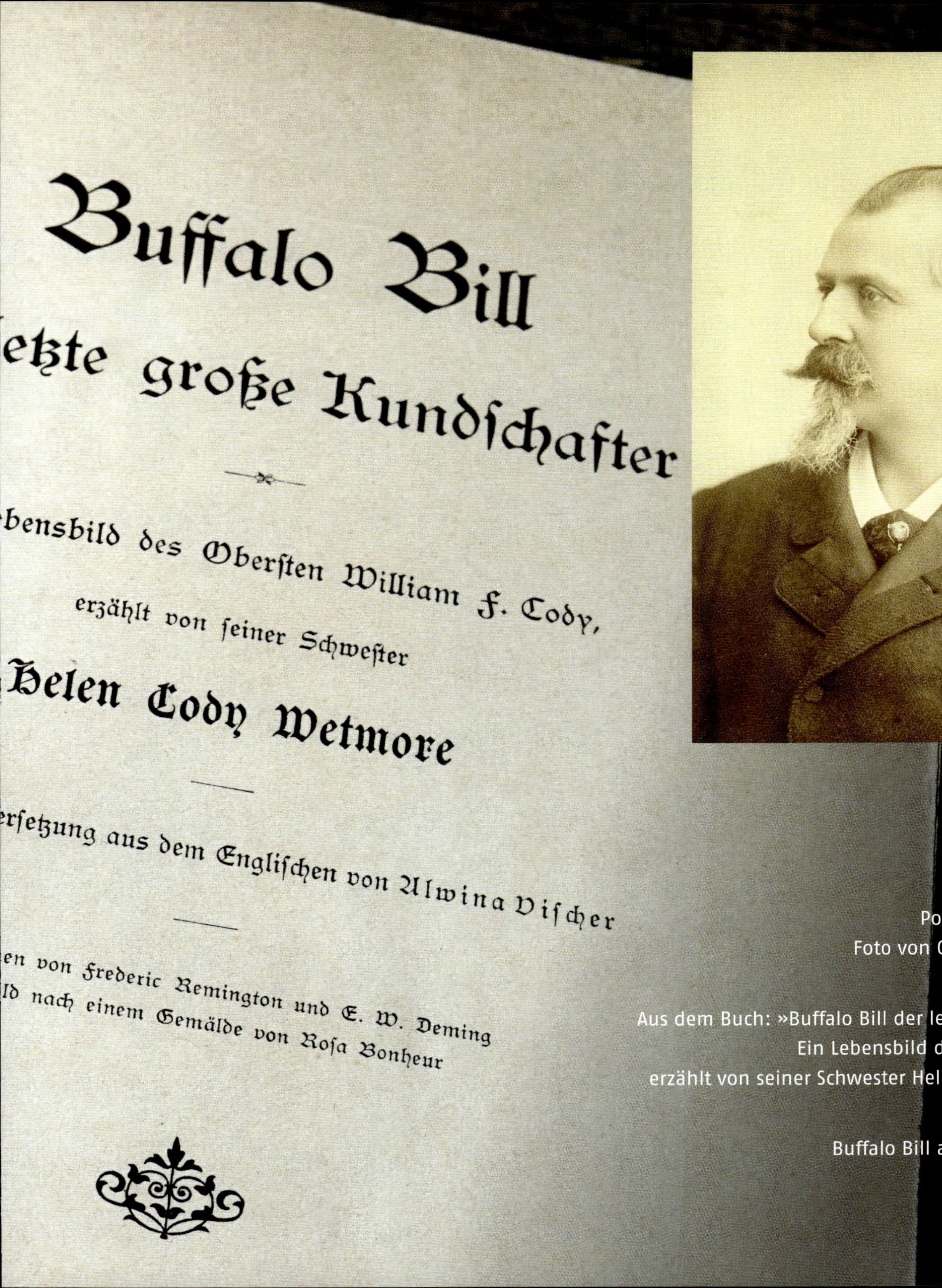

Buffalo Bill

etzte große Kundschafter

bensbild des Obersten William F. Cody,

erzählt von seiner Schwester

Helen Cody Wetmore

rsetzung aus dem Englischen von Alwina Vischer

en von Frederic Remington und E. W. Deming

ld nach einem Gemälde von Rosa Bonheur

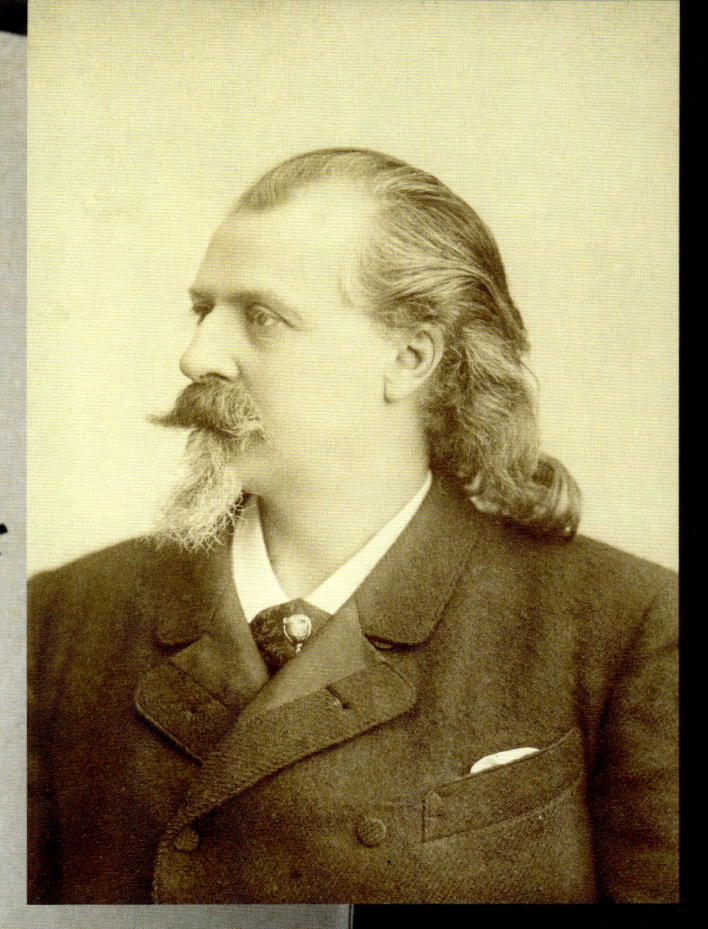

Abb. oben

Portraitaufnahme Buffalo Bill,
Foto von C. H. Wells, Denver, vor 1900

Abb. Hintergrund

Aus dem Buch: »Buffalo Bill der letzte große Kundschafter« –
Ein Lebensbild des Obersten William F. Cody
erzählt von seiner Schwester Helen Cody Wetmore, Jahr 1902

Linke Seite untere Abb.

Buffalo Bill auf der Theresienwiese 1890

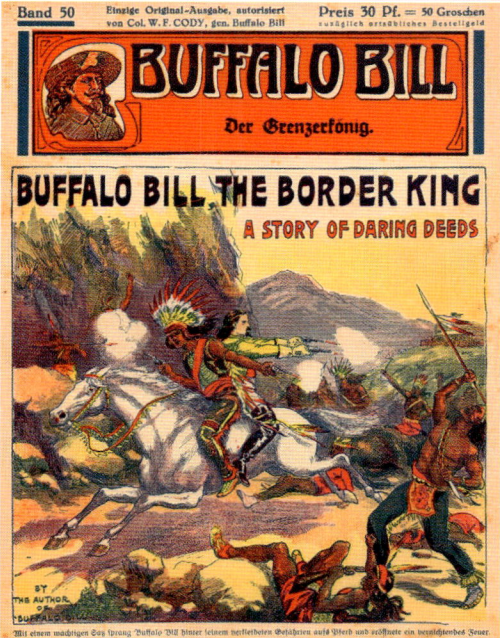

Buffalo Bill Romanhefte aus 40 Jahren

Abb. links: 1905 bis 1912 erschienen 286 Hefte in der Verlagsbuchhandlung A. Eichler, Leipzig

Abb. Mitte: 1930 bis 1933 erschienen 122 Hefte im Gustav Kühn Verlage, Leipzig

Abb. rechts: 1949 bis 1951 erschienen 65 Hefte im Volksbücherei Verlag Goslar

Buffalo Bills »Wilder Westen« auf der Theresienwiese in München. In Begleitung seiner beiden Töchter Adelgunde und Maria besichtigte Prinz Ludwig am 24. April 1890 das Indianerlager. »Der Prinz ließ sich mit den Prinzessinnen und deren Hofdamen, seinem Adjudanten Baron Laßberg, mit dem Colonel Cody, dem Indianerhäuptling Black Heart, und einer Gruppe anderer Mitglieder der Truppe photographisch aufnehmen«, berichten die Münchner Neueste Nachrichten. Der Fotograf war Georg Stuffler.

Neuntes Kapitel.

Als Pony-Expreßreiter.

Abb. Doppelseite
Mitglieder des Ensembles der Buffalo Bill Show auf der Theresienwiese 1890, darunter die Scharfschützin Annie Oakley (linke Seite, oberes Bild, mitte)

BUFFALO BILL'S WILD WEST

Vorstellung des amerikanischen Hinterwäldlerlebens.

Man bittet das Programm mit Aufmerksamkeit zu lesen.

Die von Buffalo Bill's Wild West gegebenen Vorstellungen haben mit den gewöhnlichen Seiltänzer- und Kunstreiter-Aufführungen nichts gemein, deren Verdienste lediglich von einer durch Uebung erlangten Fertigkeit abhängig sind.

Unser Zweck ist, das Publikum mit den Sitten und Gebräuchen und der täglichen Lebensweise der Bewohner des fernen Westens der vereinigten Staaten, durch die Darstellung der sich dort ereignenden Scenen und wirklichen Erlebnisse bekannt zu machen. Jedes Mitglied dieser Truppe zeichnet sich durch die seine Art kennzeichnende Gewandtheit und Tapferkeit aus. Wie auch die Zuschauer vom Standpunkte der Kritik aus darüber denken mögen, wir versichern Sie, dass jede Scene ein bis auf die kleinsten Einzelheiten treues Bild der Gewohnheiten der dortigen Bevölkerung bietet.

Alle Pferde stammen von der von Ferdinand Cortez und seinen Gefährten in Mexiko eingeführten spanischen Race ab. Das ganze Material wie Pferdegeschirr u. s. w. ist echt und schon viele Jahre lang in Gebrauch gewesen. Wir betrachten uns als die Ersten, denen es gelungen ist, durch langjährige Erfahrung so viele ursprüngliche und wahrhaft historische Elemente zu vereinigen.

Nachdem wir uns den Beifall der Presse und des Publikums in der Heimat, sowie in London, Paris, Barcelona, Neapel, Rom, Mailand u. s. w. erworben haben, haben wir die Ehre, uns heute dem Wiener Publikum vorzustellen.

WIEN, im Mai 1890.

Nate Salsbury, Director.

PROGRAMM.

1. **Einzug der Berühmtheiten und der Gruppen wie folgt:**

Gruppe von Arraphoes-Indianern.

Black Heart (Schwarzes Herz) deren Häuptling.

Gruppe von Cow-boys (amerikanischen Kuhhirten).

Buck Taylor, König der Cow-boys.

Gruppe von Bruce-Indianern.

Little Chief (kleiner Häuptling) deren Häuptling.

Gruppe des Indianer-Stammes Cutt Off.

Brave Bear (tapferer Bär) Häuptling.

Gruppe von mexikanischen Vaqueros.

Herr Antonio Esquival.

Gruppe von Cheyenne-Indianern.

Eagle Horn (Adler-Horn) Häuptling.

Gruppe von Damen aus dem Westen der Vereinigten Staaten.

Der junge Bennie Irving, der kleinste Cow-boy der Welt.

Die Boy Chiefs, kleine Häuptlinge der Sioux.

Oesterreichische Reichsfahne.

Amerikanische Bundesfahne.

Gruppe von Ogallala-Sioux-Indianer.

Low Neck (niedriger Hals) Häuptling.

Rockey Bear (Felsen-Bär) „Medicin-Man" der Sioux.

„Buffalo Bill" (Oberst W. F. Cody) Haupt der Kundschafter der Armee der Vereinigten Staaten.

2. ### PFERDE-RENNEN

zwischen einem Cow-boy, einem Mexikaner und einem Indianer, auf spanisch-mexikanischen Pferden.

3. ### Fräulein Annie Oakley,

berühmte Schützin,

die ihre wunderbare Virtuosität im Gebrauche der Feuergewehre zeigt.

4. ### Ehemaliger Ponypost-Reiter,

der zeigt, wie man früher die Briefe und Depeschen der Regierung über die grossen Prairien beförderte, ehe die Eisenbahnen und Telegraphen zu Stande gekommen. Der Ponyreiter musste alle 10 Meilen das Pferd wechseln und 50 Meilen ohne Anhalten machen.

5. **Ueberfall eines Emigrantenzuges durch Indianer**
und Vertheidigung desselben durch die Grenzbewohner.

Nachdem der Angriff zurückgeschlagen, wird der Tanz Virginia Reel von Cow-boys und Grenzbewohnerinnen zu Pferde ausgeführt.
NB. Die Wagen sind dieselben, die vor 35 Jahren im Gebrauche waren.

6. **Historisches Ereigniss aus dem Leben von Buffalo Bill.**

Der berühmte Einzelkampf mit Yellow Hand (Gelbe Hand) Häuptling der Sioux zu War Bonnet Creek, Dakota, und die Niederlage und Tod desselben am 17. Juli 1875 in Gegenwart der indianischen und amerikanischen Truppen. Dieser Zweikampf zwischen zwei Repräsentanten zweier verschiedener Menschenracen hat denselben historischen Werth in Amerika, wie der berühmte Kampf zwischen den Horatei und Coratei.

7. **Der kleine Johann Baker.**

Der Cow-boy-Schütze geschmückt mit den Preismedaillen der jungen Schützen der Welt.

8. **Aufheben von Gegenständen**

durch Cow-boys vom Boden, während sie im vollen Gallop reiten, Werfen des Lasso welches die Methode zeigt, wie man das Vieh und wilde Pferde fängt, sowie Ausübung verschiedener Reiterkünste.
Das Reiten der Bucking-Pferde. Diese Pferde sind die ungezügeltsten und unzähmbarsten, die heutzutage existiren, weil es unmöglich ist, sie zu zähmen und ihnen das Laster des Abwerfens abzugewöhnen.

9. Pistolen- und Revolver-Schiessen
ausgeführt von Herrn C. L. DALY.

10. **Rennen zwischen amerikanischen Hinterwäldler-Damen.**

11. **Angriff der Indianer auf den Deadwood-Postwagen**
der von Buffalo Bill und den unter dem Befehl des Buffalo Bill stehenden Cow-boys zurückgeschlagen wird.
NB. Dies ist der ächte, alte

„**Old Deadwood Coach**"

genannte Postwagen, der wegen der vielen Leute, die das Leben darin verloren haben, berühmt ist, und die Route zwischen Deadwood und Cheyenne vor 18 Jahren machte.
Zwei Präsidenten der Vereinigten Staaten, vier Könige und andere Fürstlichkeiten, welche dem Jubiläum der Königin von England beiwohnten, sind schon in derselben gefahren, weil sie die Kutsche für eine sehr bedeutende und historische Seltenheit hielten, welche der Vorstellung einen interessanten Charakter verlieh.

12. **Rennen zwischen Indianer-Knaben zu Pferd**
ohne Sattel.

13. **Lebensgebräuche der Indianer.**
Indianisches Lager auf den Ebenen und Fussrennen. Verschiedene eigenartige Tänze.

14. **COL. W. F. CODY** (Buffalo Bill)
schiesst während des Gallopritts.

15. **Büffel-Jagd.**
Wie sie im fernen Westen Nordamerikas vor sich geht.
„Buffalo Bill" und die Indianer.

16. **Angriff auf ein Grenzdorf**
von feindseligen Indianern. Vertheidigung durch, unter dem Befehl des **Buffalo Bill** stehenden Cow-boys.

17. **Gruss am Schluss.**

Wichtige Anmerkung. — Der Zuschauer sollte sich vorstellen als in ein Land versetzt, wo die Scenen und Ereignisse sich ereignen, und verstehen dass er wirkliche und ächte Typen vor sich habe.

Die Direction, welche diese Vorstellung gibt, hat den Zweck, zu unterrichten und zu unterhalten und die Ereignisse zu produciren, wie sie stattgefunden haben und der Geschichte überliefert worden sind. Die Gegenwart des Obersten W. F. Cody (»Buffalo Bill«), dessen Vergangenes in diesen Scenen zur Anschauung gebracht wird, dürfte auch von nicht wenigem Interesse sein. Er ist Postreiter, wilde Pferde-Jäger, Büffeljäger, Kämpfer gegen Indianer, Haupt der Führer der amerikanischen Armee gewesen.

Zu Ehren des Christoph Columbus wird in Amerika im Jahre 1893 eine Weltausstellung abgehalten, und ist Oberst Cody, der Letzte einer Classe von Leuten, welche jetzt vollständig verschwunden ist, und welcher das Ende des grossen Zwistes gesehen hat, welcher zur Zeit des Columbus anfing, und in welchem die deutschen Entdeckungsreisenden und Einwanderer eine so grosse Rolle spielten in der Erreichung der civilisirenden Resultate, welche die Pioniere vor sich hatten.

John M. Burke
General-Manager.

Nach München gastierte die Buffalo Bill Show in Wien. Die abgebildete Ankündigung der Wiener Show ist im Großen und Ganzen identisch mit dem Münchner Programmablauf im Frühjahr 1890.

Abb. oben

Zirkus Sarrasani, Martha Shultz,
Frau von Clarence Shultz,
Manager der Indianertruppe bei Sarrasani.

Abb. linke Seite

Sarrasani-Indianer im Tierpark Hellabrunn 1929

Sch/T.

Giessen, am 27. September 1930
1. bis 5. Oktober Bonn a/Rh.
6. " 8. " Düren /Rhld.

Auf Ihre Anfrage vom 23. September teile ich Ihnen gern mit, dass der Cowboy Clarence Shultz wieder mit einer Indianertruppe bei mir im Engagement steht.

Mit vorzüglicher Hochachtung

Hans Stosch
Sarrasani

Außerdem täglich
Indianerschau
im großen Sonderzelt
Echte Sioux-Indianer unt. Häuptling „Weißer Büffel"
Heimatleben der Indianer, Gesänge, Tänze, Wildwest

SARRASANI
München, Theresienwiese
Circus-Vorstellung täglich
7½ Uhr abends
Sonntag, 21. Juli: 3 Veranstaltungen

10-1 Uhr: Mittags große Tierschau und Indianerschau mit Massenkonzert. Eintritt Erwachsene 1.— M., Kinder 50 Pf.

3 Uhr: Große Fremdenvorstellung. Kinder auf allen Plätzen von 2.20 M. aufwärts halbe Preise.

7.30 Uhr: Abendvorstellung.

Außerdem täglich
Indianerschau
im großen Sonderzelt
Echte Sioux-Indianer unt. Häuptling „Weißer Büffel"
Heimatleben der Indianer, Gesänge, Tänze, Wildwest

Montags, Dienstags, Donnerstags, Freitags 10—17 Uhr. Erwachsene 60 Pf., Kinder 30 Pf. Eintritt jederzeit.

Mittwochs, Samstags, Sonntags 10-1 Uhr Große Tierschau und Indianerschau mit Konzert Erwachsene 1.— M., Kinder 50 Pfennig

(Jede Auskunft an den Circuskassen, telephonisch unter Nr. 597 060/1.)

7628

Abb. links

Im Sommer 1929 gastiert der Zirkus Sarrasani in München. »Kaum erklang dieses Zauberwort: – Sarrasani ist in München – und schon setzte eine regelrechte Völkerwanderung nach der ›Festwies'n‹ ein, wo über Nacht förmlich eine ganze Stadt aus dem Boden emporgewachsen ist«, ist in der Beilage des Illustrierten Sonntag vom 21. Juli 1929 zu lesen. »Nicht weniger als 800 Menschen sind im Zirkus beschäftigt« ... »Stunden und Stunden kann man in dieser Zirkusstadt herumspazieren, in der es sogar eigene Viertel und eigene Gassen gibt, so auch eine ›Völkerbundstrasse‹, in der Amerikaner, Indianer, Chinesen, Araber, Japaner, Indier, Skandinavier, Südamerikaner, Deutsche, Engländer und sogar Siamesen friedlich und kameradschaftlich zusammenleben«. Eine Attraktion des Zirkusses waren die Sioux-Indianer.

Mitglieder des Cowboy Club München bei einer Wild West Circus Schau Oktoberfest 1931.

Abb. oben

Faschingsumzug 1929: »Es freut mich sehr, von Ihnen zu hören, dass ich Ihnen mit Überlassung der alten Postkutsche dienlich sein konnte. Die Aufnahmen Ihrer Gruppen sind sehr gut ausgefallen. Hochachtungsvoll, Carl Krone, Direktor und alleiniger Eigentümer des Circus Krone – Der Kolossal-Circus, den die ganze Welt kennt«, 14. Februar 1929. Weniger Glück hatte der Cowboy Club einige Monate später beim Zirkus Sarrasani. Der Bitte um die Überlassung eines Sattels wurde nicht entsprochen.

Abb. unten
Jimmy Staley Wild West Schau
im Ausstellungspark München, 1924

Abb. rechts
Jimmy Staley, Portrait, 1924

»Zierlodrom« des Velo-Club Wild-West am 18. Oktober 1896

Abb. rechts
Portrait eines Mitglieds des Velociped-Club Wild-West, 1917

*»Ich verzog mich in meine Kammer. Vorsichtig wurden die unterm Bett
deponierten Buffalo-Bill-, Texas-Jack- und Sitting-Bull-Hefte hervorgeholt.
Gerötete Ohren waren dann stets das Signal, dass ich meinen Mustang Rih
gesattelt hatte und sporengebend ins Reich der Abenteuer stürmte. Mein Buben-
himmel säumte sich mit rosa Wölkchen. Es war schon eine Lust zu leben.«*
Der Schauspieler Rudolf Fernau in seinen Erinnerungen »Als Lied begann´s«

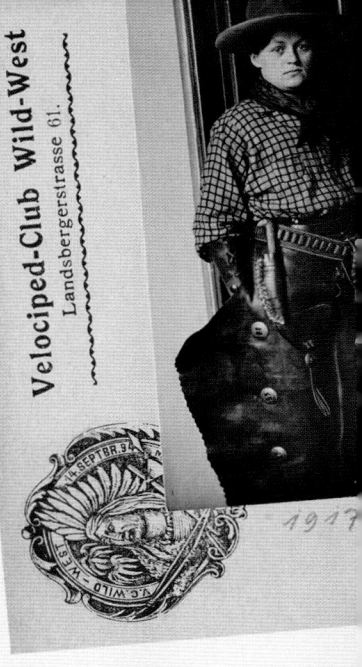

Wild-West-Vereine und der Cowboy Club München

Ranch und Stallungen am Nockherberg
1913, ein Jahr vor Ausbruch des Ersten Weltkriegs, gründen Fred Sommer, der Vater des späteren »Spaziergängers« und Schriftstellers Sigi Sommer, dessen Bruder Hermann Sommer und ein gewisser Martin Fromberger den auch heute noch existierenden Cowboy Club München. Eigentlich bereiten sich die drei auf die Auswanderung in die Vereinigten Staaten vor, doch die Pläne scheitern und so entwickelt sich der Cowboy Club in zunehmendem Maße zu einem »kulturhistorischen Verein« für am »Wilden Westen« orientierte Freizeitgestaltung.

Das Areal des Clubs mit rund 3000 qm Fläche liegt heute an der Thalkirchener Zentralländstraße 37 in der Nähe der Münchner Floßlände. Das erste Vereinsgelände aber befindet sich ab 1954 auf einem Grundstück in der Münchner Vorstadt Au. Das Gebiet mit Ranch und Stallungen, das damals am Nockherberg angesiedelt ist, gehört Ida Krone, der Mutter der späteren Direktorin und Managerin des Zirkus Krone, Frieda Sembach-Krone. Erst 1961 zieht man mit Unterstützung des Münchner Stadtrats und der »amerikanischen Verwaltung« vom Krone-Park auf das heutige Gelände um.

In den Statuten des Vereins ist in den Paragraphen 1 und 2 über die »Gründung und den Zweck« des Clubs zu lesen:»Der Cowboy Club wurde im April 1913 gegründet und bezweckt das völkerkundliche Studium von Land und Leuten des nordamerikanischen Westens, insbesondere der Cowboys und der im Aussterben begriffenen Rasse der Indianer. Sowohl der Club, als auch dessen einzelne Mitglieder betreiben vor allem die Sammlung der bei den Cowboys und Indianern gebräuchlichen Bekleidungs- und Ausrüstungsgegenstände, wie Kostüme, Sättel, Waffen u. s. w.«

Der Münchner Maler Max Oliv erzählt
Einer der besten Kenner der Geschichte von Indianer-Literatur und des realen indianischen Lebens in den USA ist der Münchner Maler und Grafiker Max Oliv. Er ist nicht nur Ehrenmitglied des Cowboy Clubs und ab 1969 Erster Vorsitzender der überregionalen Vereinigung »Westernbund e. V.«, sondern als Reisender und interessierter Besucher immer wieder in den Indianer-Reservaten der USA unterwegs. Auch sein künstlerisches Schaffen ist über

viele Jahre hinweg vom politischen und gesellschaftlichen Geschehen im von Menschen indianischer Abstammung bewohnten Westen der USA inspiriert. Der inzwischen 88-jährige Max Oliv erinnert sich:

»Mein Interesse für Indianer wurde während meines Malstudiums bei meinem damaligen Lehrer Herrn Professor Hirsch geweckt, der wiederum ein Studienkollege von Julius Seyler war, einem der besten Maler des amerikanischen Westens. Aber so richtig für die Indianer interessierte ich mich seit meinem ersten Zusammentreffen mit Kurt Ulrich vom Cowboy Club München 1913 e. V.. Von diesem Zeitpunkt an kam ich öfters zum Club, dem ich dann auch beitrat.

Am 14. September 1894 gründet Heinrich Zierle den ›Velociped Club Wild West‹ in einem Gasthaus an der Landsberger Straße. Heinrich Zierle war ein ausgezeichneter Radfahrer und baute eine kleine runde Holzrennbahn mit einem Durchmesser von zirka fünf Metern, in welcher er und verschiedene Club-Mitglieder während des Radfahrens Kunststücke mit Peitsche, Lasso und Revolver vor Publikum zeigten.

1903 entstand der Verein ›American Club Buffalo Bill‹, der in seinem Vereinslokal selbstverfasste Wild-West-Theaterstücke mit Erfolg aufführte, 1906 der Club ›American Boys‹, 1910 der Cowboy Club München Nord. 1913 entstand dann als Spar- und Losverein der Cowboy Club München Süd, der sich vor allem aus Mitgliedern der vorher genannten Clubs rekrutierte. Er ist der älteste noch bestehende Wild-West-Verein und der erste mit Eintrag ins Vereinsregister unter dem Namen Cowboy Club München 1913 e. V..«

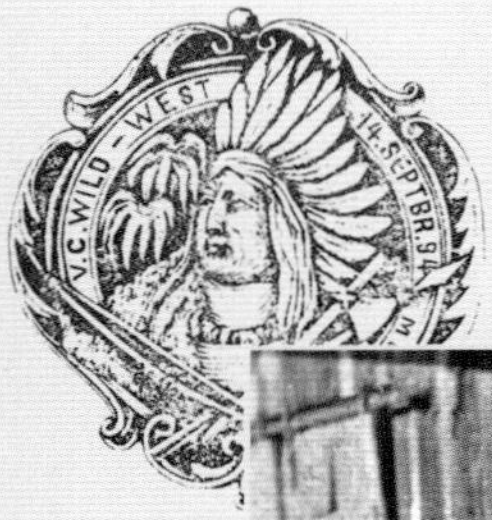

Velociped-Club Wild-West
Landsbergerstrasse 61.

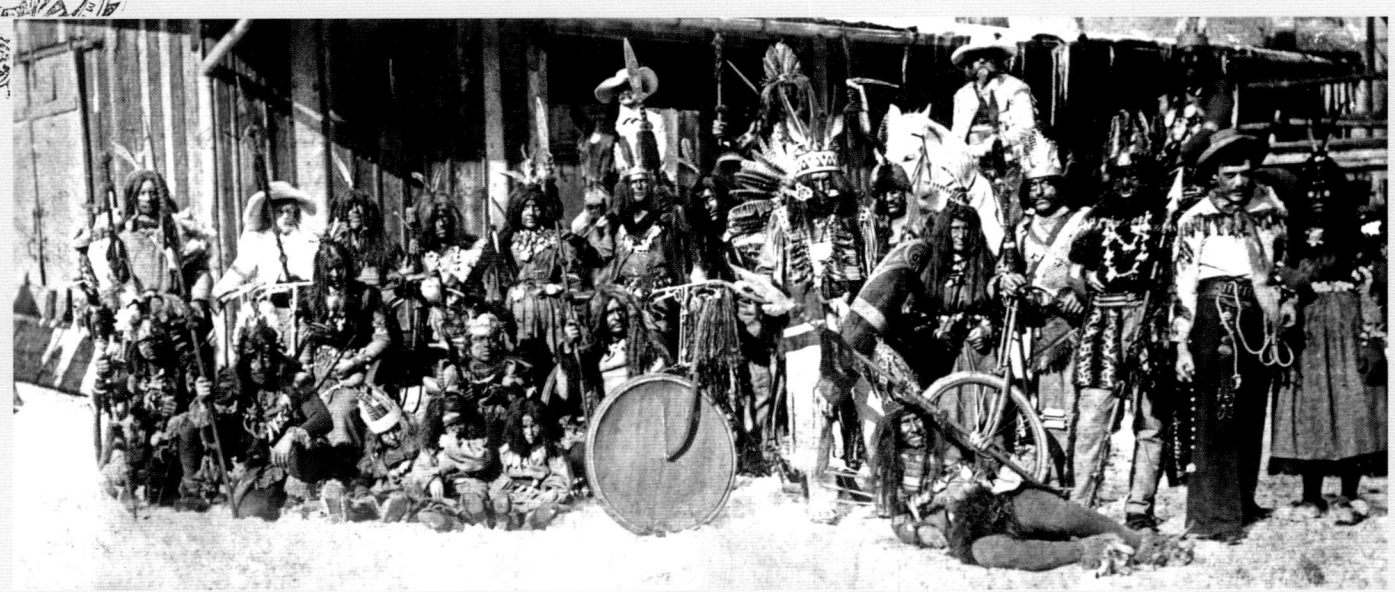

Velo-Club Wild-West 1895

Mitglieder des American Club Buffalo Bill, 1914

»Erinnerung an die Wigwamfeier des Velo Club ›Wild West‹ München in Krailing am 18. Okt. 1896«

Einladung
zu dem am
Samstag den 16. Januar 1926
im
Restaurant „Neue Westendhalle"
Westendstr. 89
stattfindenden

Abend in einer Wild-West-Bar

Eintritt à Person 1.30 Mk. (incl. Steuer)

Saaleröffnung 7 Uhr   Anfang 8 Uhr

VELO-CLUB WILD-WEST 1894
DER FESTRAT.

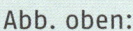

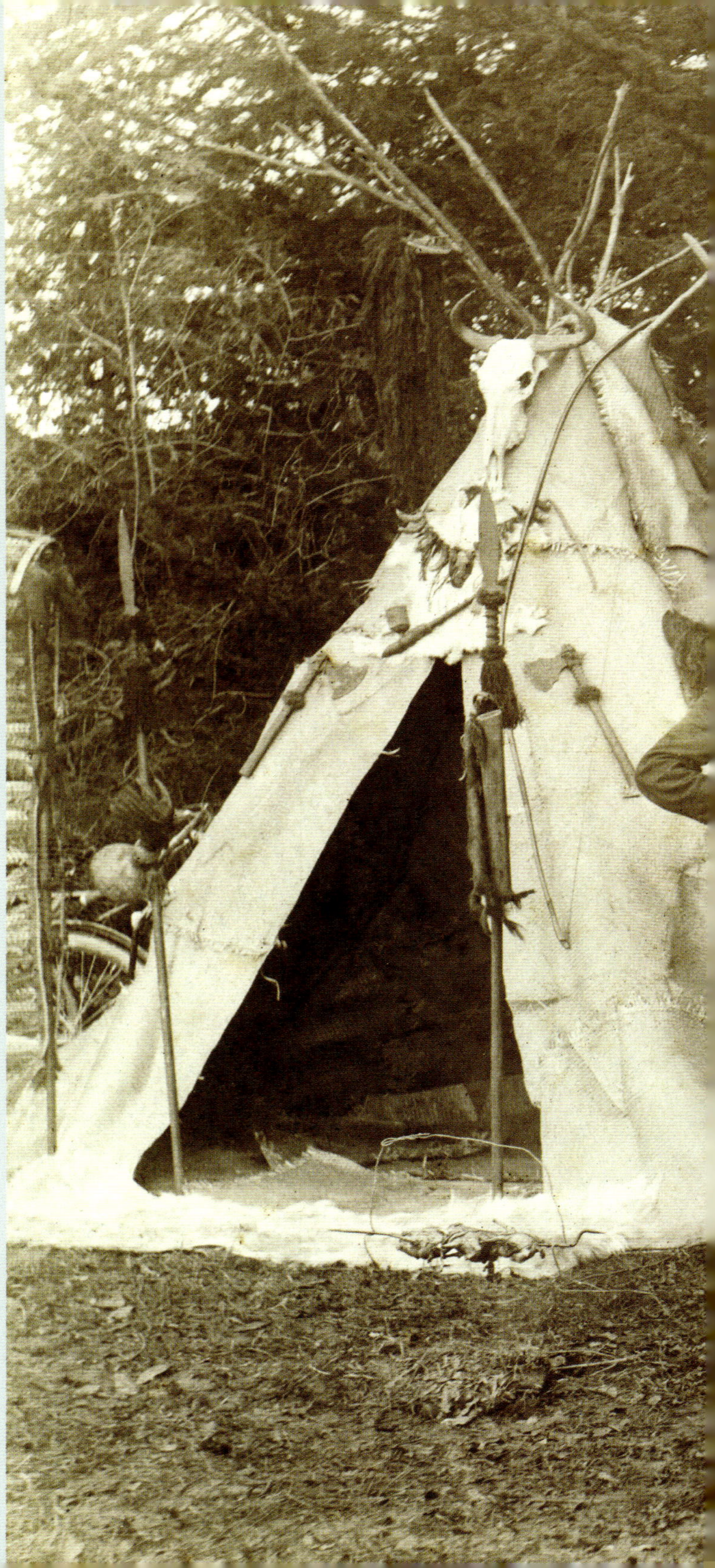

Abb. oben:
Velo-Club Wild-West 1894, Einladung 1926

Abb. rechts:
»Erinnerung an die Wigwamfeier des Velo-Club Wild-West München in Krailing am 18. Oktober 1896«

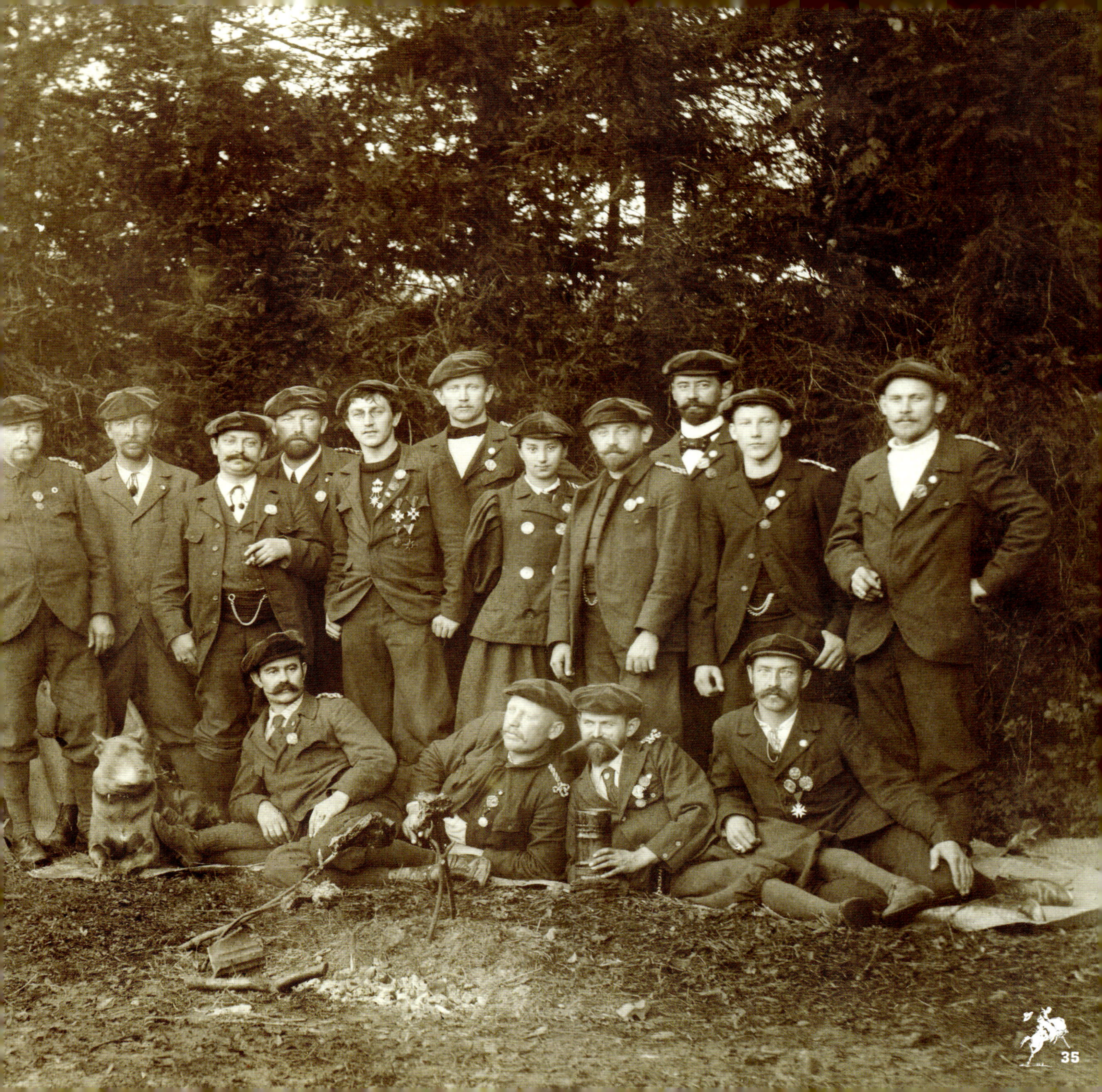

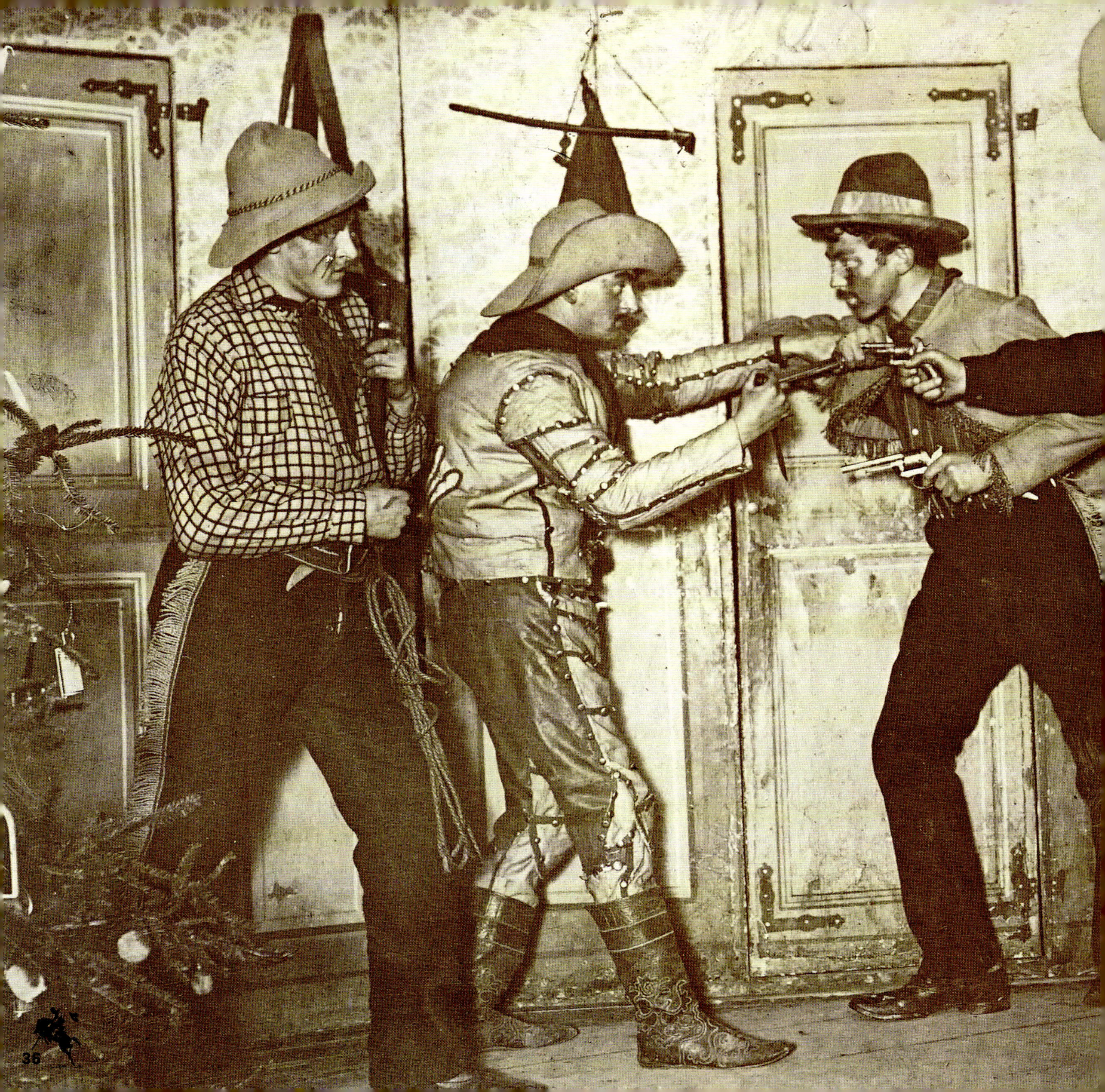

Theateraufführung 1905

37

Abb. unten
Die ältesten Aufnahmen
des Cowboy Club München
aus den Jahren 1913/14.

»Alles begann dann damit, dass im Sommer 1913 ein paar junge Münchner beschlossen, nach Amerika auszuwandern. ... Sie kamen nie hin. Der Erste Weltkrieg brach aus. Statt in Wyoming fanden sie sich vor Verdun und an der Marne, statt Silberbüchse und Bärentöter drückte man ihnen einen Karabiner Modell 98 in die Hand. Nur wenige dieser Idealisten kamen zurück, aber der Traum vom Wilden Westen war ihnen trotz aller Kriegswirren geblieben« (Aus: »60 Jahre Cowboy Club München«).

Abb. unten
Einladungskarte zum Wild-West-Ball des American Club Buffalo Bill, 1914.

AMERICAN. CLUB BUFFALO-BILL

EINLADUNG

zu dem am **Samstag den 31. Januar 1914** stattfindenden

WILD-WEST-BALL

im grossen Saale des „Rupertusheimes", Tulbeckstrasse 27.

Musik vom Orchester-Verein „Melomanie"
:: Direktion: Herr Hans Wirth. ::

Reunion sämtl. Indianer und Cowboys aus München-West. | Eine Fahrt mit der Pacific-Railway quer durch Amerika.

MASKEN-PRÄMIIERUNG.

Zeltlager   Anständige Masken erwünscht.   Cowboyschenke

Eintritt 35 Pfg., inkl. Lustbarkeitssteuer.   ::   Tanzzeichen 50 Pfg.
Saaleröffnung 7 Uhr.

Der Kriegsrat.

Sommerfest Hellabrunn 1935, »Der Tellschuß von ›Sitting Otter‹ und Frau«

Cowboy-Club München-Süd gegr. 1913
Clublokal: Lindwurmstr. 74 (Restaurant Max Emanuel)

Einladung
zu dem am **Sonntag, den 12. August** in **Deisenhofen**, auf der **Kugleralm** stattfindenden

Sommerfest
mit Konzert, Tanz, Hyppodrom usw.

Ein Tag in Wild-West

Cowboys, Cowgirls, Indianer usw. in ihren prachtvollen Originalkostümen. Vorführungen, wie Stepp- und Indianertänze, Lassospiele, Arbeiten mit den Cowboy-Herdenpeitschen. Pferderennen zwischen Cowboys und Indianer

Bei schlechter Witterung wird das Fest auf Sonntag, den 19. August verlegt.
Eintritt frei!   Der Ausschuss

EINLADUNG
zu dem am
Samstag den 23. Januar 1926
im
Restaurant „**Goldener Hirsch**",
Türkenstraße 28
stattfindenden

Great American Dancing.

Cowboy-Club München-Süd.
Herrenkarte 1,50 M.

Cowboy=Club München, gegr. 1913
Club-Lokal Hermann Schmidgarten, Lindwurmstraße 48

Achtung! Der Club veranstaltet sein diesjähriges **Achtung!**

Sommerfest
am Sonntag, den 17. Juni 1934
in der Waldrestauration Großhesselohe unter dem Motto:
■ **Wild=West=Romantik im Isartal** ■

Cowboy's und Indian's zeigen: Stepptänze, Lassospiele und Fangnummern zu Fuß und Pferd, Texanischer Lasso-Fesselakt, Arbeiten mit den langen Cowboy- und Herdenpeitschen usw.

● 2 Musik-Kapellen spielen zum Tanz im Garten und im Saal. ●

Zur sonstigen Unterhaltung: Schießbuden, Schaukeln, Karussell's. — Bei schlechter Witterung verbindet sich das Fest mit der am Sonntag, den 24. Juni stattfindenden Johanni-Feier. **Eintritt zu beiden Festen frei.**

Zahlreichem Besuch sieht freundlichst entgegen
Der Ausschuß

Cowboy=Club München=Süd gegr. 1913
Klub-Lokal: Lindwurmstr. 48 Restaurant "Hermann Schmidgarten"
Telefon 73848

Einladung
Samstag, den 15. Februar 1930 im großen, neurenovierten Festsaale des Josefshauses, Hochstraße 28, (Haltestelle Regerplatz der Linie 12)

Wild=West=Ball

In den Tanzpausen, Aufführungen im Rahmen des Festes. Auftreten der weltberühmten Sioux-Indianertruppe in ihren heimatlichen Tänzen und ihren prachtvollen Originalkostümen usw.
Maskenprämierung. Sämtl. Masken Zutritt. Kein Kostümzwang

Musik der bekannten Kapelle H. Schöttl (Stimmung)

Anfang 8 Uhr   Prima Tanzfläche!   Saaleröffnung 7 Uhr
Eintritt à Person einschließlich Tanz und Lustbarkeitssteuer **Mk. 1.50**
Eintrittskarten nur an der Abendkasse.
Der Ausschuß

COWBOY=CLUB MÜNCHEN=SÜD gegr. 1913
Klublokal Lindwurmstr. 48 (Gasthaus Hermann Schmidgarten)

EINLADUNG!
Sonntag, den 3. Februar 1929 im neurenovierten Fest-Saale des Josefshauses, Hochstr. 28 (Haltestelle Regerplatz Linie 12) großer

WILD·WEST=BALL

Motto: Aus den Tagen Buffalo Bills: Dargestellt in lebenden Bildern zu Fuß und Pferd, von den Mitgliedern des Klubs in ihren prachtvollen Originalkostümen, Sattelzeugen usw. Ferner **Stepptänze, Lassospiele.** Auftreten der berühmten **Sioux-Indianer-Truppe** mit ihrem Chief Thunder-Bird in ihren heimatlichen Tänzen.
Prämierung der 4 besten Masken.   ff. Tanzfläche.

Prima Musik der Kapelle Schöttl (Stimmung)

Sämtliche Masken haben Zutritt.   Kein Kostümzwang
Anfang 4 Uhr   Saaleröffnung 3 Uhr
Eintritt pro Person, einschl. Tanz u. Steuer **Mk. 1.50**; Vorverkauf **Mk. 1.30**
Ladys and Gentlemen's! Auf zum fröhlichen Round up.

Cowboy=Club München=Süd gegr. 1913
Clublokal: Lindwurmstr. 48 (Gasth. Herm. Schmidgarten) Tel. 73848

Einladung
Sonntag, den 11. August 1929 großes

Wild-West-Fest

auf der Kugler=Alm in Deisenhofen.
Konzert, Tanz in den Pavillonen u. i. großen Saal. Volksbelustigungen, Hypodrom usw.

Cowboys und Indianer in prachtvollen Originalkostümen. Szenen aus dem Wilden Westen, wie Stepptänze, Lassospiele, Arbeiten mit den langen Original-Cowboy-Herdenpeitschen. Indianische Pfeilschützen, Messer- und Tomahawkwerfer. Cowboy-Kunstschützen. Voltigen, geritten von Cowboys und Indianern. Ferner die **Wild-West-Pantomime "Der Ueberfall".** Abends Reiterball im großen Saal, sowie Auftreten der Indianertruppe des Klubs, in ihrem Feuer- und Kriegstanz.

Eintritt frei!

Bei schlechter Witterung findet das Fest am nächsten Sonntag, den 18. August statt.   Der Kuglerwirt.   Der Ausschuß.

Einladungskarten zu Veranstaltungen des Cowboy Club München; Mitglieder des CCM Anfang der 30er Jahre

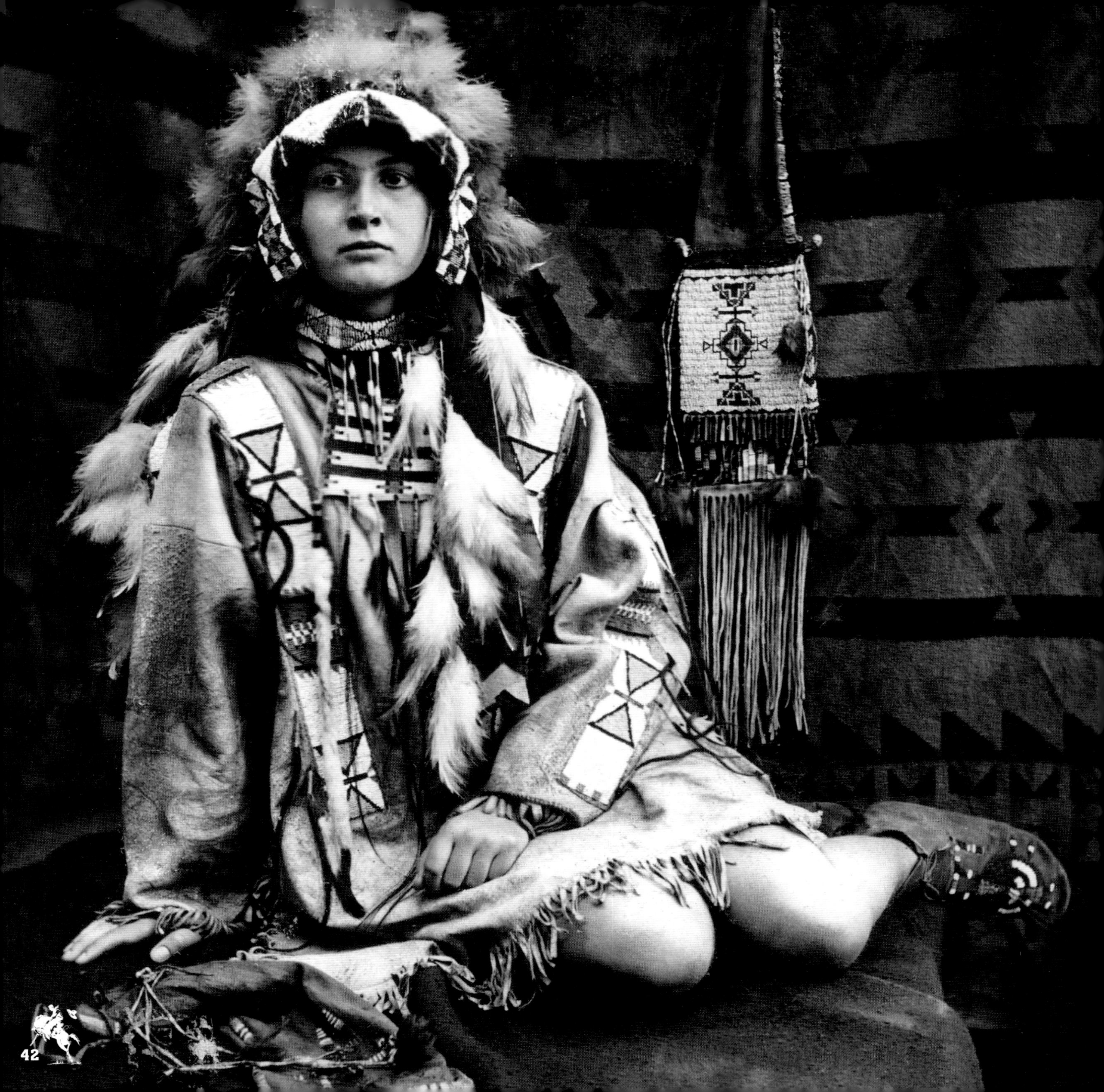

»Viele Ausrüstungsgegenstände sind echt. Die Münchner Indianer haben sie sich's unter großen Opfern von ihren Kollegen in Nebraska, der Reservation der Sioux, kommen lassen. Da gibt es Original-Mokkasins, echte Kriegsbeile und Medizinbeutel, Jagdhemden, Federhauben und ähnliche Herrlichkeiten. Denn der Sinn des Klubs ist neben sportlicher Betätigung das Studium der indianischen Gebräuche und das Sammeln von echten Ausrüstungsgegenständen. Ein Mitglied, das auf einer nordamerikanischen Ranch als Cowboy beschäftigt ist, vermittelt den Versand«. (Telegram Zeitung der Münchner Neuesten Nachrichten, 1931.)

Abb. links
Im Atelier von Maler und Cowboy Club Mitglied Elk Eber, wahrscheinlich 1931

Abb. oben
Zwei CCM Mitglieder (rechts: Indian Chief Red Cloud), 1930

Abb. oben
»Die Flucht aus dem Alltag in die Romantik«, berichtete 1930 die Münchner Illustrierte Presse über den Cowboy Club München. Der Text zu diesem Foto lautete: »Wildwest im Isartal: Zwei Mitglieder des Cowboy Clubs, er 28, sie 19, als *Häuptling und Squaw*.«

Abb. rechts
Der Zeugwart des Cowboy Clubs, fotografiert in einer Reitschule, 1930

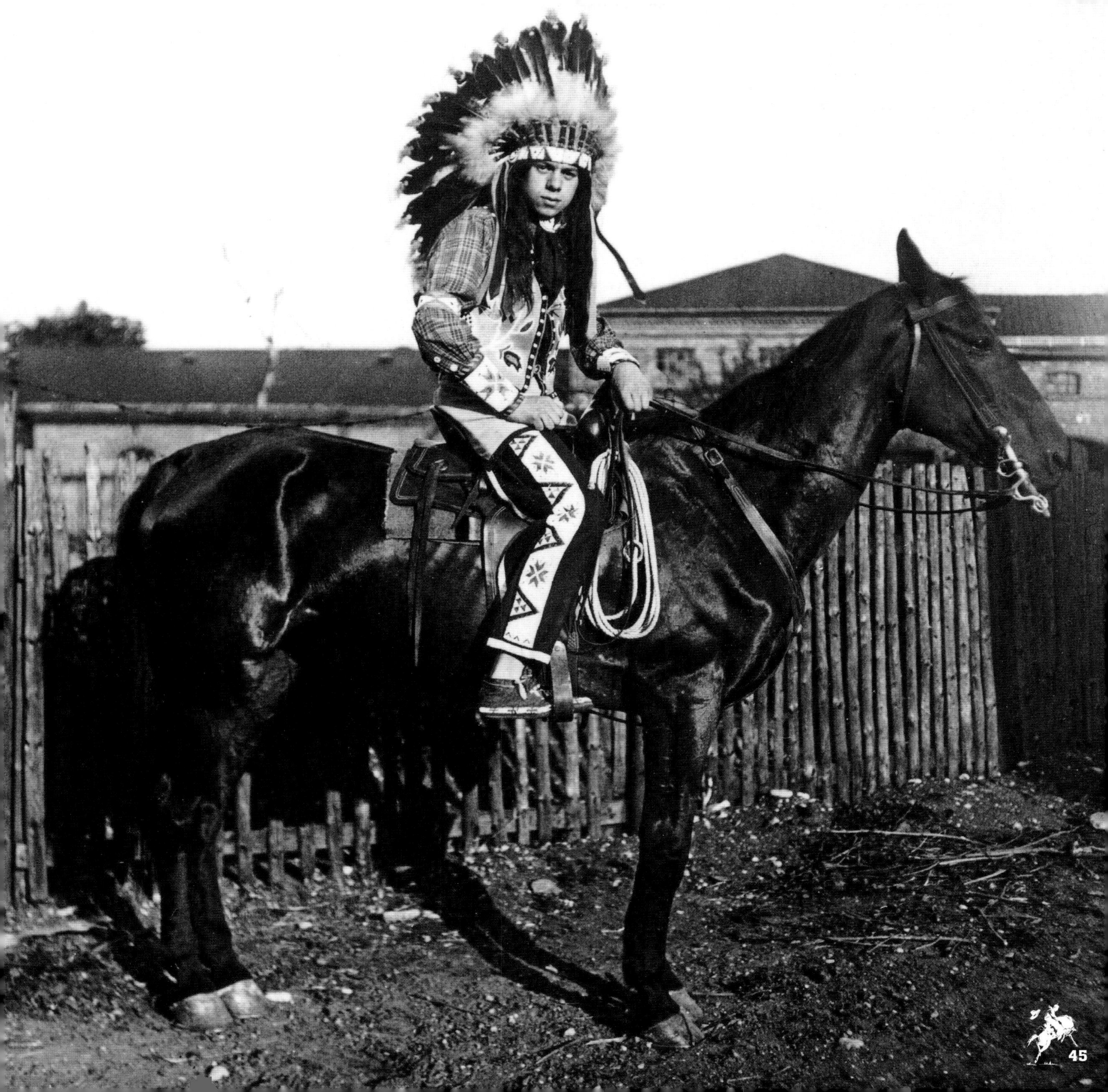

Abb. oben

»Ein Tag bei den Indianern«, Motto des Kinderfestes im Tierpark Hellabrunn 1930. Veranstaltungen des Cowboy Club fanden Beachtung in den Medien und lockten zahlreiche Besucher an. So berichtete eine Zeitung von 7000 Besuchern beim Sommerfest des CCM im Tierpark Hellabrunn 1934.

Abb. rechts

»Black Hawk« mit Familie, Sommerfest beim »Brückenwirt« Höllriegelskreuth am 14. Juni 1931

47

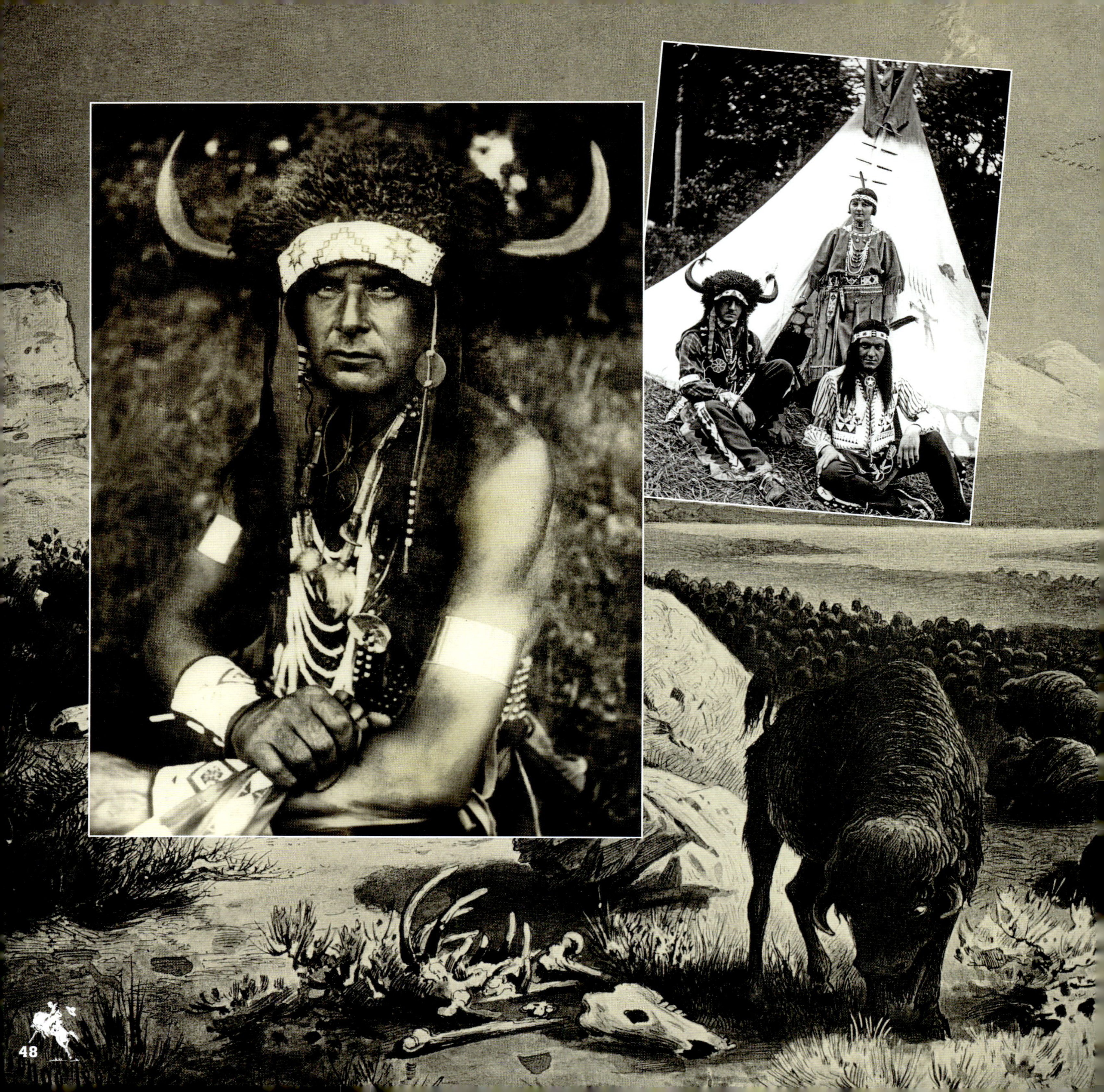

Abb. diese Seite links
Indianerin »Mochpia to«, Frl. Höfler, 1931

Abb. diese Seite rechts
»Red Cloud and Sister«, Sommerfest auf der Kugleralm, 1930

Abb. linke Seite, großes Bild
Indianer beim Sommerfest, Kugleralm, Deisenhofen, 1928. »Auf den Wiesen und unter den Bäumen des umfangreichen Geländes herrschte am Sonntag tatsächlich ein Betrieb, der sich nur mit jenem beim Oktoberfest vergleichen läßt. ... An verschiedenen Stellen spielten Musikkapellen in den Pavillons zum Tanz. Großen Spaß erzielte das von den ›Indianern‹ und ›Cowboys‹ gerittene Pferderennen...« (Aus: Münchner Neueste Nachrichten)

Abb. linke Seite, kleines Bild
Sommerfest Höllriegelskreuth, 1929

50

Gestellte Szene »lustige Cowboy Romantik« auf dem CCM Lasso-Übungsplatz in Harlaching für den Fotografen der Atlantic Presse Photo (Agentur), September 1930

Abb. oben
Gestellte Szene »Cowboy Besuch bei den Indianern« 1930. Das Foto entstammt einer Bildserie, die für den Abdruck in Zeitschriften produziert wurde. Unter dem Titel »Sonntags-Indianer« wurde sie in *Meyers Frauen- und Modeblatt* abgedruckt.

Abb. rechts
Fotos aus dem Indianerlager des Cowboy-Club, um 1930

"Krieger!"

"Drei Indian Zelte"

IN NATAHKIS ZELT

VON J.W. SCHULTZ

Karussellfahrt auf dem Sommerfest Großhesselohe, 1937

Faschingsumzug am Marienplatz, 1928

Faschingsumzug, 1934

Karl-May-Volksfest, Einzug zum Ausstellungspark, 1932

Faschingsumzug, 1934

56

Sommerfest Großhesselohe 1935 »Nächtliches Lagerleben«

»Es soll hier ausdrücklich darauf hingewiesen werden, dass es sich bei den Bestrebungen des Clubs nicht um Spielereien handelt, sondern um ernstzunehmende Arbeiten auf ethnographischem Gebiet. Was gezeigt wurde – auch die hübschen indianischen Gewänder –, war alles echt. In den Reihen der Mitglieder befinden sich viele, die drüben ›überm großen Wasser‹ ihre Erfahrungen gesammelt haben und denen heute die Pflege ihrer Erinnerungen zum Bedürfnis geworden ist. Der Club besitzt eine wertvolle Bücherei über indianische Sprachen und Gebräuche, die manchem Forscher große Dienste leisten kann.«
Münchener Zeitung 19.6.1934

1.C.C. München

Wild-West-Romantik lebt noch

Abb. oben
Autogrammkarte des Lasso-Künstlers Tex Gibons (Tex Gibons and Guy Seelig, Mexican Champion Roper), die Widmung lautet: »with best wishes to the Cowboy Club of Germany to remember the Roper Tex Gibons, Munich Collos. Nov. 32«. In der Chronik des CCM findet sich dazu folgender Eintrag: »Tex Gibons gastierte in München 1932 mit dem Tropenexpress im Kolosseum und trat zusammen mit unserem Club anläßlich eines Wohltätigkeitsfestes im Ausstellungspark auf. 1934 schied Gibons in Antwerpen freiwillig aus dem Leben.«

Abb. im Hintergrund
Frankfurter Illustrierte Zeitung 27. Juli 1933

Es ist heutzutage nicht mehr nötig, Lederstrumpfs Heimat aufzusuchen, um die echten Indianer in ihren Reservationen oder die Trapper und Cowboys in ihrem eigenartigen Leben zu bewundern, denn in München finden sich begeisterte Anhänger der alten Wildwestromantik, die in sportlichem Wetteifer in manchen Leistungen den Kameraden jenseits des Mississippi durchaus Ebenbürtiges zur Seite stellen. Es ist das Verdienst des „Münchner Cowboy-Clubs", der sich zur Aufgabe gestellt hat, durch Studium der im nordamerikanischen Westen üblichen Sitten und Gebräuche, echtes Wildwestleben auch all denen vorführen zu können, die nicht in der Lage sind, über den großen Teich zu fahren. Vor allem ist es der eigenartige Sport, der wohl kein Gegenstück in Europa findet und nur durch zähes, unermüdliches Training den gewünschten Erfolg erreichen läßt. Die von den Mitgliedern des C. C. zur Schau gestellten Kostüme sind zum größten Teil Originalstücke von mitunter erheblichem, historischem Wert. Eine reichhaltige ethnographische und historische Literatur und eine in 20 Jahren ausgeübte, eifrige Sammeltätigkeit geben die Grundlagen zu originalgetreuer Wiedergabe echten Westlerlebens, wie es der Club derzeit bei Veranstaltungen aller Art zur Vorführung bringt.

Fred Sommer, der Gründer des Clubs.

Club und Familie: »Einladung zu der am Samstag, 4. August 1928 stattfindenden Cowboy-Hochzeit im ›Ruperthof‹, Rupertstrasse 28 – Das Brautpaar: Wemponia & Buck Owens – Ohne Karte kein Zutritt!«

59

Festfolge:

1. **Musik**
   Feuert los, Marsch
   Der alte Cowboy, Lied
   Unter dem Sternenbanner, Marsch

2. **Begrüßung**
   durch den Gründer und 1. Vorstand des Clubs Fred Black

3. **Lebende Bilder**
   1. Zwei alte Bekannte aus Karl May's Zauberreich: Winnetou und Old Shatterhand
   2. Kundschafterlos, Lebensbild aus der Pionierzeit des einstigen Wilden Westens
   3. Am Lagerfeuer der Cowboys

4. **Cowboys singen ihre alten Steppenlieder**
   Text und Musik aus dem Original · Sänger: Bob Cloud und Jim Gordon
   1. Going back to texas   2. A' home on the Range

5. **Musik**

6. **Cowboy-Künste**
   1. Lasso-Gruppe (Sitting Otter, Charly Nelson und Pecos Kid)
   2. Lasso-Gruppe (Jim u. Daisy Gordon, Bob Cloud u. Arrow Kiß)
   3. Große Krinoline (Bull Brake)
   4. Texanisches Fesseln (Jim und Daisy Gordon)
   5. Trickarbeiten mit Bullpeitschen (Charly und Blondi Nelson, Ruth Chester und Sitting Otter)
   6. Schießen mit Winchester: Pecos Kid und Dora Cumberland
      mit Pistole: Dick und Kitty Frank

7. **Allgemeiner Tanz** bis ca. 11 Uhr

8. **Lebende Bilder vom Indianerleben**
   1. Liebeswerben (Romantik im Zeltlager)
   2. Lagerleben der Sioux (Kriegsrat)
   3. Am Marterpfahl:
      Der Medizinmann beschwört die Gefangenen Häuptling das Zeichen zum Beginn der Marte
      a) Pfeilschießen (Bull Head, am Brett Tu
      b) Messerwerfen (Swift Knife und James am Brett Rattlesnake)
      c) Kriegstanz sämtlicher Indianer nach alten Originalen einstudiert von Ch und Medizinmann Big Eagle)

9. **Allgemeiner Tanz**
   dazwischen humoristische Einlagen.

   Änderungen im Programm vor

Wir gestatten uns noch darauf hinzuweisen, daß Karl May-Verlag in Rad München nahestehende sein 25jähriges Bestehen feiert und üb ebenfalls Geburtsstadt Hohenstein-Ernstthal vom 2. bis 6 der 40. Wiederkehr der Vereinigung beider St Karl May-Feier veranstalt

Festprogramm zum 25-jährigem Bestehen des Cowboy Club München 1938. Aus einer Vereinigung auswanderungswilliger Münchner, die Sprache, Gebräuche und Geschichte Amerikas erlernen wollten, war inzwischen »Deutschlands originellster Klub« (so die Berliner Morgenpost im Oktober 1936) geworden.

COWBOY SONG

gez. Fred Bloch

THE DYING

Arran

"Oh bury me not on
These words came low
From the pallid lips o
On his dying bed at t

"I've always wished to
In a little churchyard or
He thought of home and
As the cowboys gathered

"Oh bury me not on the
Where the wild cayotes w
And the buffalo paws o'e
Oh bury me not on the lor

And his voice failed there
heed
his dying prayer; in a
Six foot by three,
We buried him there on the

Yes, we buried him there on the lone prairie,
Where the owl all night hoots mournfully
And the blizzard beats and the wind blows
free
O'er his lowly grave on the lone prairie.

Sommerfest in Großhesselohe 1934. »Das bayerische Nationalgetränk vereinigt Rot und Weiß«.

62

Abb. links
»Netter Clubabend 1933«

Abb. unten
Sommerfest des Cowboyclubs 1935 in der Waldwirtschaft Großhesselohe. »Gegen Mittag schon setzte der Zustrom der vielen tausend Besucher ein...«

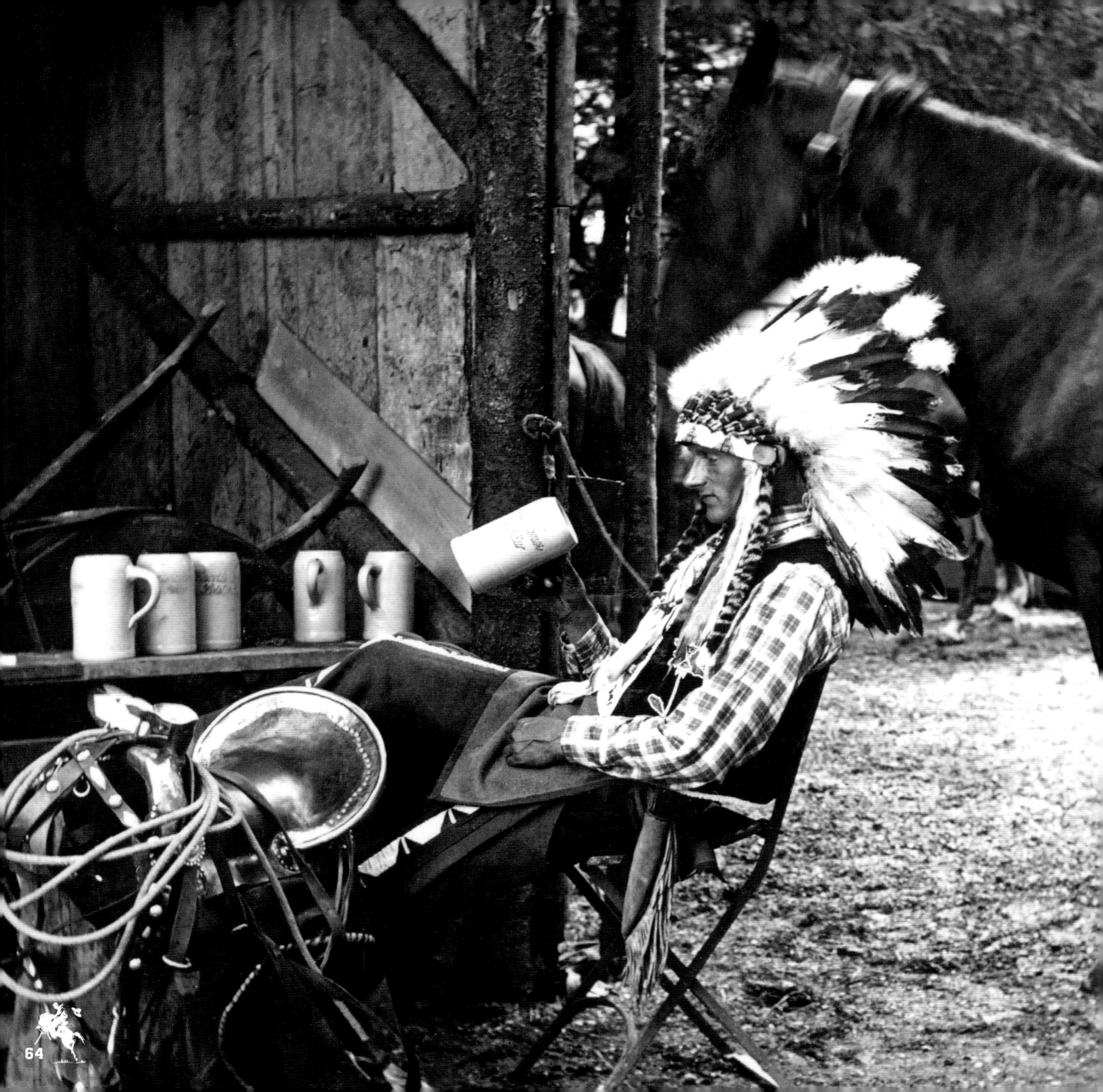

Abb. links
Indianer »Big Eagle« am Rand der Veranstaltung »Ein Tag in Wild-West«, Kugleralm, 1929. In Zeitungsanzeigen wurde mit der Ankündigung der Pantomime »Der Überfall« für die Veranstaltung geworben. »Zum Massenbesuch ladet freundlichst ein Xaver Kugler, Festwirt, Besitzer der Kugler-Alm.«

Abb. unten
Reiterkunststücke auf einer Veranstaltung in Neu-Aubing, ca. 1936

66

»Beim Fleischbraten« auf dem Sommerfest des Cowboy Clubs 1935 in der Waldwirtschaft Großhesselohe. »Wenn Volksgenossen aller Stände in solchen Massen eine Veranstaltung besuchen wie das Sommerfest des bekannten Cowboy Clubs in der Waldwirtschaft Großhesselohe, dann muß ein ganz besonderer Zauber in der Art des Festes liegen. Indianisches Kriegsgeschrei, Kalbfellwirbel, monotoner Hölzerklang, schwermütige Texaslieder, aufsteigender Rauch, aromatischer Kaffeeduft und der würzige Geruch am Spieß gebratener ›Büffellenden‹ verrieten am frühen Morgen schon die Nähe des Lagers der ›Indianer‹ und ›Cowboys‹ unter stämmigen Buchen und zur Blüte reifenden Kastanienbäumen in der Waldwirtschaft Großhesselohe«.

»Lederstrumpfromantik zwischen Schreibtisch und Drehbank«, Mitglieder des Cowboy Club München, Foto aus dem Jahr 1930

Kinderfest im Tierpark Hellabrunn, August 1930. »Großes Kinderfest im Tierpark, Motto: Ein Tag bei den Indianern. Programm: Lagerleben, Umzüge, Lassowerfen, Kämpfe usw., dargestellt vom Cowboyclub München-Süd. ... Jedes Kind erhält einen Indianerkopfputz als Geschenk. Der Eintrittspreis ist für Kinder auf 20 Pfg. ermäßigt.«

Das Illustrierte Blatt

Frankfurter Illustrierte
25. Jahrgang Nr. 43
23. Oktober 1937
Preis 20 Pfg.

Die junge Zeitschrift für Haus und Familie, behagliche Freude, für Freizeit, Jugend und unterhaltsames Wissen

(Aufnahme: D. v. Debschitz - Hans Weber)

Indianer im Isartal

Indianerfrau mit Kind in einem Lager bei München, wovon unser zweiseitiger Bildbericht in diesem Heft erzählt.

Das Illustrierte Blatt 23.Oktober 1937

Seite 1338 Nr. 43

Das Illustrierte Blatt

Bildbericht aus Bayern:

Indianer im Isartal

Alles echt wie in Wild-West! — Friedenspfeife zu rauchen scheint nicht so einfach
Münchener spielen Indianer und Trapper

Wer pflegte nicht als Erwachsener auch heute noch mit besonderer Zartheit all die Erinnerungen, die um die Karl-May-Lektüre aus seiner Jungenzeit vor ihm auftauchen. "Old Shatterhand", "Old Surehand" und "Winnetou" sind uns auch heute noch vertraute Gestalten, denen an Geschicklichkeit und Treue nachzueifern wir uns mit unserer ganzen jugendlichen Leidenschaft bemühten. Lasso, Wigwam und Friedenspfeife waren nicht leere Begriffe, sondern irgendwie wurden sie in die Wirklichkeit umgesetzt. Aber dieses ganze Leben in einem Traumland verschwand dann mit dem Anwachsen der Inanspruchnahme durch die sogenannte wirkliche Welt. Höchstens eine gelegentliche Lektüre blieb als letzte Zuflucht.

Unentwegte Romantiker scheint's aber in München noch zu geben. Die Cowboys und Indianer aus dem Isartal gehen im Alltag friedlichen Berufen nach. Aber manchmal packt sie offenbar doch ihre längst versunkene Jungensehnsucht. Und aus dieser heraus ist ihr Cowboyklub entstanden, der draußen vor den Toren der Stadt regelmäßig seine Uebungen abhält. Leistungen werden dort im Reiten, Lassowerfen und Messerwerfen erzielt, die mit denen der alten Helden aus den Indianerbüchern wohl zu wetteifern vermögen.

Da draußen sind sie nicht mehr Chauffeur und Verkäufer, oder was sonst ihr Beruf sein mag. Da tragen sie ihre Cowboy- oder Indianernamen. Eine reichhaltige Bibliothek in ihrem Klubheim sorgt dafür, daß sie mit der laufenden Indianerliteratur auch erzählhafter Art vertraut bleiben, und ihre "Squaws" sind treu darum bemüht, daß ihre prachtvollen Kostüme kunst- und stilgerecht gemacht werden und erhalten bleiben.

Hasenbraten auf indianisch
Vor den Zelten ist ein großes Feuer angelegt worden, über dem nach allen Regeln indianischer Kunst ein Hase am Spieß gebraten wird.

Nicht in Texas — sondern bei München!
Kein amerikanischer Cowboy könnte bei einem "Rodeo", dem altjährlichen großen Wettreiten auf ungezähmten Wildpferden, seinen Mustang schneidiger steigen lassen als dieser Münchener "Buck Owens" im Isartal.

Der Meister des Lassos
Einer von den bayrischen Cowboys ist ein außerordentlich geschickter Lasso-Jäger. Hier fängt und fesselt er seinen "Feinden".

r Büffeljagd
t. Aber es geht auch mit Attrappen recht gut.

71

Abb. unten
Ein Mitglied des Cowboy Clubs München setzt sich für den Fotografen um 1930 mit seiner Cowboy-Kleidung in Szene. Dass Cowboys in den USA mit Indianer-Motiven auf ihrer Kleidung und Fliege unterwegs waren, ist unwahrscheinlich. Solche Fantasiekleidung darf aber nicht darüber hinweg täuschen, dass unter den Mitgliedern von Wildwest-Vereinen originale Kleidungsstücke aus den USA sehr begehrt waren und für den Import auch viel Geld ausgegeben wurde.

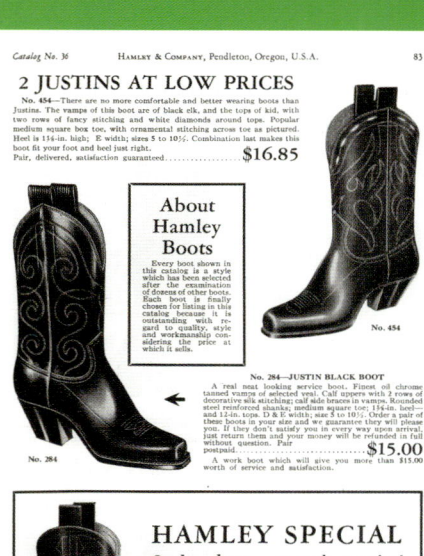

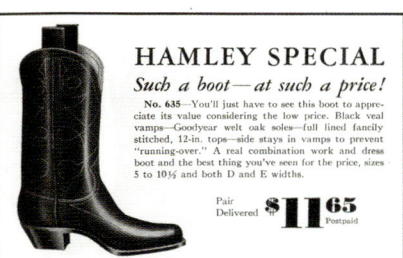

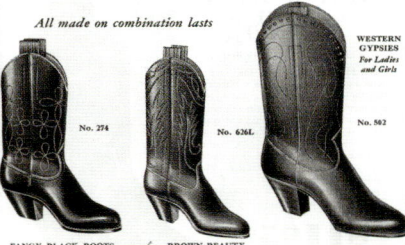

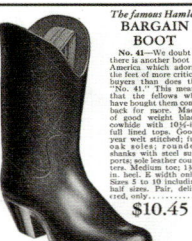

Hamley's Cowboy Catalog aus dem Jahre 1936 aus dem Archiv des Münchner Cowboy Clubs. Der Katalog der in Oregon ansässigen Traditions-Firma hatte einen Umfang von 144 Seiten, auf 60 Seiten wurden Sättel angeboten. Original-Ausrüstungs- und Bekleidungsstücke waren im Club sehr begehrt und wurden über den Versandhandel oder als Mitbringsel von Reisenden aus den USA bezogen. Kompliziert war zeitweise der Bezug von Waffen und Munition, da in den Jahren nach dem Ersten Weltkrieg keine Waffen importiert werden durften.

September 1939 "Krieg!"

Zum 2. mal seit Bestehen des Clubs mitzumachen. Die Clubbestrebungen den Hintergrund gestellt werden und Indianer würden in den Heeresdienst Pflicht zu erfüllen. Nachstehende Zit von der Ausbildungszeit und auch ihr

Eintrag in der Chronik des CCM zum Ausbruch des Zweiten Weltkriegs im September 1939.
Urlaubstreffen von drei Mitgliedern des CCM während des Krieges;
Bildunterschrift »Zweierlei...« einmal in Uniform, einmal in Cowboy-Kleidung

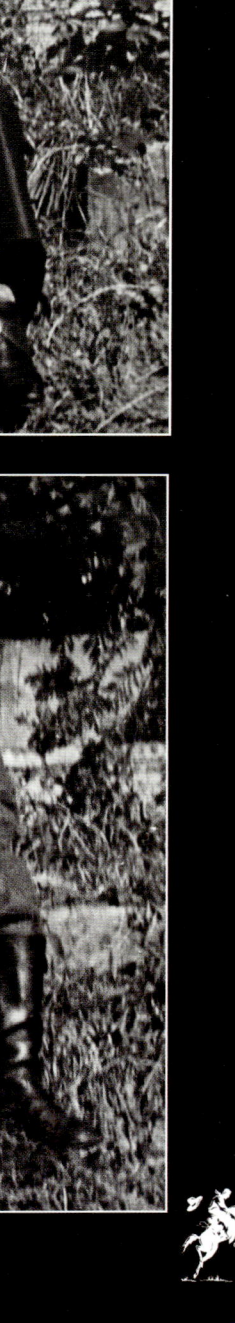

haben wir
und Ziele
viele der
gezogen
sollen neugierig
Tätigkeit

75

Cowboy Club Mitglied Red Tomahawk bei einer Sitzung im Atelier des Malers und Club-Mitglieds Elk Eber um 1930. Die Portraitzeichnungen wurden im Clubhaus aufgehängt. Reproduktionen der Bilder sind im Archiv des Clubs erhalten geblieben, einige sind auf Seite 111 abgebildet, darunter auch das von Red Tomahawk (rechts oben außen).

»Hoffentlich liest du gute Bücher. Was liest du denn besonders gern?«
»Karl May«, sagte Franz.
Der Rex fuhr zurück, angewidert. »Damit verdirbst du dir deine Phantasie!«,
rief er aus. »Karl May ist Gift!«
Genau das Gleiche hatte Franz´ Vater gesagt, als er ihn bei der Lektüre eines
Karl-May-Bandes erwischt hatte. Er hatte ihm das Buch weggenommen, gerade an
der spannendsten Stelle, Winnetous Ende, und Franz hatte zwei Wochen gebraucht,
bis er es von einem Mitschüler geliehen bekam und fertig lesen konnte. Er hatte
seinen Vater gehasst. »Karl May ist Gift.« Die hatten ja keine Ahnung! Er würde nicht
damit aufhören, Karl May zu lesen. Vielleicht später einmal. Aber nicht jetzt.
Alfred Andersch in Der Vater eines Mörders

Literatur, Kunst und Film

Karl May auf einer Ansichtskarte

Karl May in München

Am 4. Juli 1897 reist der inzwischen zum deutschlandweit bekannten Schriftsteller aufgestiegene Karl May zusammen mit seiner Gattin von Starnberg kommend in München an. Im Hotel Trefler, einem im neuesten Stil der Zeit eingerichteten Luxushotel in der Sonnenstraße 21, nimmt der Kult-Autor Quartier. Im Kleinen Saal im ersten Stock hat May zu Vorträgen eingeladen. Auch ein Redakteur des »Bayerischen Courir und Fremdenblattes« hat sich in Richtung Sonnenstraße auf den Weg gemacht. In der Ausgabe vom 7. Juli ist zu lesen:

»Am Montag nachmittags versammelte sich von 3 Uhr ab eine große, im Ganzen mehrere Hundert Personen zählende Menge von Verehrern im Speisesaal des Hotels Trefler. (...) Dr. May, der alle fünf Welttele bereist und nun seine Reisen in einem Stile beschrieben hat, der Wahrheit und Dichtung in anmutender, packender Form vereint, schilderte nachmittags in ausführlicher Weise einzelne Episoden aus seinen Reisen, verlas chinesische Texte und stand Rede und Antwort auf alle Fragen.«

Drei Tage später wird Karl May in einer weiteren Ausgabe des Blattes als »letzter Vertreter der Romantik des wilden Westens« charakterisiert, der inzwischen »die ganze Welt bereist hat« und »über 1.200 Sprachen und Dialekte versteht«. Der Zeitungsmann, der mit »T.H« zeichnet, fährt fort:

»Auf Amerika übergehend, das er schon mehr als zwanzigmal bereist habe, schilderte er mir vor allem den edlen Charakter seines unvergesslichen Freundes Winnetou, der am 2. September 1874 im Alter von 34 Jahren bei einem Gefecht erschossen wurde. Alle Westmänner, wie Old Firehand, Old Surehand, Sam Hawkens, Pitt Holbers, Dick Hammerdull, Emery Bothwell und wie sie alle heißen, seien jetzt ›ausgelöscht‹, und fast alle seien, wie Winnetou, eines gewaltsamen Todes gestorben, er selbst sei aus der Schar der Westmänner der einzige Überlebende.«

Als Karl May ein knappes Jahr später, in der letzten März-Woche des Jahres 1898, wieder in München ist, besucht er auch den inzwischen gegründeten »May-Club-München«, der sich regelmäßig im Hotel Trefler, später in der »Blauen Traube« am Sendlinger-Tor-Platz oder im »Restaurant und Cafe Leopold« trifft. Der sich inzwischen »Dr. Karl May« nennende und damit als Akademiker mit Doktortitel firmierende Autor hält abermals packende Reden. Die nachfolgenden Daten und Aussagen stammen von einem gewissen Ernst Abel, der als Mitglied des May-Clubs die wichtigsten Ausführungen notiert. (1)

So ist Karl May nach eigenem Bekunden als der allseits geschätzte »Old Shatterhand im Wilden Westen ein bekannter Mann«. Mit seinem Gewehr »Bärentöter«, das als Vorderlader immerhin 34 Pfund wiegt und Treffsicherheit auf sage und schreibe 1800 Meter hat, ist er in der Lage »aus dem Stand mit dem Gewehr an der Brust tödlich zu zielen«. Sein Gewehr »Henrystutzen« und die dazu benötigten Patronen, die »in einer exzentrisch sich drehenden Kugel enthalten« (2) sind, wurden von ihm selbst entwickelt und stammen aus eigener Herstellung. Und immer wieder betont der eher schmächtige Mann: »Ich bin wirklich Old Shatterhand«.

Ein »Verderber der Jugend«

Dann aber ist May trotz aller Erfolge und offiziellen Ehrungen einer beispiellosen Presse- und Hetzkampagne ausgesetzt. Ausgerechnet einige Münchner Akteure stehen dabei in vorderster Front.

Da ist zum einen ein Benediktiner-Pater namens Ansgar Pöllmann, der sich ab 1911 in München als Kunstkritiker einen Namen macht und nichts geringeres zur Absicht hat, als den Erfolgs-Schriftsteller »aus dem Tempel der deutschen Kunst hinaus zu peitschen«. Mit von der Partie ist der Franziskanermönch Expeditus Schmidt, der seit 1902 an der Münchner Ordenshochschule St. Anna im Lehel Philosophie, Kunst- und Literaturgeschichte lehrt und später in Tirol die Erler Passionsspiele leiten wird. Die beiden schießen sich auf den »Verderber der Jugend« ein. Eine wahre Schlammschlacht folgt. Man erinnert immer wieder an seine frühe kleinkriminelle Vergangenheit und an seine damalige Verurteilung zu einer mehrjährigen Freiheitsstrafe. Der falsche Doktortitel fliegt ebenso auf, wie alle anderen Aufschneidereien. Gegen die zermürbenden Anschuldigungen und die damit verbundenen Beleidigungen versucht May immer wieder gerichtlich vorzugehen. Eine Serie von Prozessen folgt.

Am 30. März 1912 aber stirbt Karl May, enttäuscht und zermürbt, im Alter von 70 Jahren. Er wird auf dem Friedhof von Radebeul beigesetzt. Die Romane des auch heute noch von zahlreichen Lesern verehrten Autors aber dienen in den 60er Jahren nicht nur als Vorlage für zahlreiche Spielfilme, sondern haben – allen Anfeindungen zum Trotz – inzwischen weltweit die gigantische Auflagenzahl von 200 Millionen Exemplaren überschritten.

Auch in München ist inzwischen eine Straße nach dem Erfolgsschriftsteller benannt. Am Westpark erinnert die Karl-May-Straße an den berühmten Autor.

Vittorio Güttner: Indianerfiguren für das Karl-May-Museum.

Im Karl-May-Museum in Radebeul sind auch heute noch Figuren und Bilder des Künstlers Vittorio Güttner zu sehen. Am 24. April 1869 in Triest geboren, ist Güttner als Bildhauer lange Jahre in München tätig. 1928 erstellt er im Auftrag der Witwe Klara May mehrere lebensgroße Indianerfiguren, 1929 modelliert er die Büsten der legendären Indianerhäuptlinge Red Cloud und Sitting Bull. 1935 entsteht eine Winnetou-Büste. Zusätzlich erwirbt das Museum Gewänder aus Güttners umfangreicher Sammlung indianischer

Gegenstände. Der Bildhauer und Maler war zuvor auch als Filmschauspieler zusammen mit Joe Stöckel in einigen der im Isartal gedrehten frühen »Isarwestern« zu sehen.

Max Slevogt: Illustrationen für den »Lederstrumpf«
1884 kommt der erst sechzehnjährige Max Slevogt, Sohn des Hauptmanns Friedrich von Slevogt und dessen Frau Caroline, aus dem unterfränkischen Würzburg anreisend, in München an. Trotz seiner Jugendlichkeit gelingt es ihm, zum Studium an der Münchner Kunstakademie zugelassen zu werden.
Schon um 1900 entstehen erste von Märchen und Abenteuer-Romanen inspirierte Studien und Zeichnungen. Eine ganze Serie von Illustrationen entwickelt Slevogt zu Gabriel Ferrys »Der Waldläufer – Ein Roman von Jägern, Goldsuchern und Indianern«, der 1850 erstmals veröffentlicht und 1879 von Karl May erneut bearbeitet wird. Anschließend illustriert Slevogt die Geschichten von »Sindbad der Seefahrer« und »Ali Baba und die 40 Räuber«.
In den nächsten Jahren erstellt Slevogt nicht weniger als 312 Blätter zu James Fenimore Coopers Lederstrumpf-Erzählungen. Das Lederstrumpf-Konvolut erscheint 1909 als Prachtband in Paul Cassirers »Pan-Presse«. Die Kritiken sind voll des Lobes. Auch die Schriftstellerin Else Lasker-Schüler, eigentlich eher schwermütigen expressionistischen Gedichten zuneigend, gerät bei der Betrachtung von Slevogts Lederstrumpf-Illustrationen ins Schwärmen. In der Zeitschrift »Das Magazin« (3) teilt sie ihre Begeisterung mit:
»Es ist schon lange, lange her, ich habe seit Indianerjahren kein Indianerbuch mehr aufgeschlagen. Nun liegt ein großes, in Farbe der Kupferhaut auf meinem Schoß. Slevogt hat gezaubert, als er die Gestalten des Werkes erschuf nächtlich auf weißer Prärie. Seine schwarze Feder zeichnet kupferrotes Leben. Ich muss die wilden Wildwestmenschen festhalten, sie laufen, galoppieren, meinen Blick entlang, über meine Hände hinweg in die Freiheit. Tänze, Kämpfe, Ritte führen sie auf, ich vernehme Pferdegetrampel, höre Kriegsrufe, werde eingehüllt vom aufwirbelnden Nebel flüchtender, feindlicher Stämme. Mich ergreift die Sehnsucht meiner Brüder.«

August Macke und die »Indianer auf Pferden«
Ab 31. Oktober 1909 lebt August Macke, Sohn eines wohlhabenden Kölner Bauunternehmers und verheiratet mit Elisabeth Gerhardt, der Nichte eines ebenfalls nicht ganz unvermögenden Berliner Fabrikanten, in einer möblierten Wohnung am damals noch romantisch-abgelegenen Tegernsee. Der erst 22-Jährige widmet sich »in Ruhe und fern der großen Städte« der Malerei. In kürzester Zeit entstehen neben Zeichnungen und Skizzen zahlreiche Ölbilder. Zu jener Zeit versucht der am 3. Januar 1887 geborene Künstler, dem an nichts Geringerem als an einer radikalen Neuausrichtung der Malerei gelegen ist, Kontakt mit Mitgliedern der ebenfalls avantgardistischen »Neuen Künstlervereinigung München« aufzunehmen. Deren erster Vorsitzender ist zu jener Zeit ein gewisser Wassily Kandinsky, der in der Ainmillerstraße 36 in Schwabing wohnt. Weitere Mitglieder sind unter anderen die Malerin und Lebensgefährtin Kandinskys, Gabriele Münter, der Zeichner, Maler und Schriftsteller Alfred Kubin, die Malerin und russische Generalstochter Marianne von Werefkin und deren Lebensgefährte, der ebenfals aus Russland stammende Künstler Alexej von Jawlensky. Sie alle arbeiten an der Entwicklung einer Malerei, die mit den herkömmlichen Definitionen, Genres und Sujets gebrochen hat.
Schon seit einiger Zeit interessiert sich Macke für fremdländische Völker und Kulturen. Für Vorstudien zum heute legendären »Almanach des Blauen Reiters« erwirbt Macke »Reproduktionen ethnografischer Objekte« im Münchner

Völkerkundemuseum. Bei seiner »Hinwendung zum Exotischen« beschäftigt sich Macke auch immer wieder mit dem Alltag der Indianer, die für ihn »fern der Zivilisation« und im Einklang mit der Natur leben. 1911 entstehen die Bilder »Indianer auf Pferden« sowie »Reitende Indianer beim Zelt«. Und Macke notiert: »Sind nicht die Wilden Künstler, die ihre eigene Form haben, stark wie die Form des Donners?«

Bis zum 1. Januar 1912 ist die legendäre erste Ausstellung des »Blauen Reiters« in der Galerie Thannhauser zu sehen. Macke selbst ist mit drei Bildern vertreten. Eines davon ist die Darstellung »Indianer auf Pferden«. Heute sind August Mackes »Indianer auf Pferden« neben zahlreichen anderen Bildern des »Blauen Reiters« in der wunderbaren Sammlung des Münchner Lenbachhauses zu sehen.

Julius Seyler: Ein Münchner Maler »am Rande der Prairie«
Ab 1892 ist der am 3. Mai 1873 in München geborene Julius Seyler an der von Wilhelm von Kaulbach geleiteten Kunstakademie eingeschrieben. Er besucht die Klasse des Malers und Illustrators Wilhelm von Diez und ist anschließend Schüler des damals populären Tier- und Landschaftsmalers Heinrich Zügel. Seine ersten von der Münchner Presse gefeierten Erfolge aber erzielt der Kunststudent auf sportlichem Gebiet. Denn neben dem Studium der Malerei übt der konditionsstarke junge Mann im Winter auf dem zugefrorenen Kleinhesseloher See die Technik der Eisschnellläufer. Und tatsächlich: Seyler wird 1895 Deutscher Meister im Eisschnelllauf und gewinnt 1896 und 1897 sogar die Europa-Meisterschaften in Hamburg und Amsterdam.

Dann aber wird der Künstler zu ersten Ausstellungsbeteiligungen im Münchner Kunstverein und von der Münchner Secession, einem Zusammenschluss avantgardistischer Künstler mit so klangvollen Namen wie Franz von Stuck, Max Liebermann und Lovis Corinth, eingeladen. Ab 1902 sind seine Bilder regelmäßig im Münchner Glaspalast und bis 1945 in der Gemäldegalerie des Maximilianeums zu sehen.

1910 lernt er bei einer ersten Reise durch die USA seine Frau Helga Boeckmann kennen, die den Maler bei seiner Rückreise nach München begleitet. Als sein Schwager 1913 heiratet, reisen die inzwischen ebenfalls frisch verheirateten Seylers zur Hochzeitsfeier erneut in die USA. Doch dann bricht in Europa der Erste Weltkrieg aus. Die Rückkehr nach München ist nicht mehr möglich und muss verschoben werden: »Kurz entschlossen übernahm ich die Farm meines Schwiegervaters.« So widmen sich die Seylers notgedrungenermaßen ab 1914 der Farmarbeit in einem Ort namens Balsam Lake im Nordosten des Staates Wisconsin. Schnell intensivieren sich die Kontakte zu den benachbarten Indianern.

Erst 1921 kehrt Seyler wieder nach München zurück. 1924 erhält er eine Professur an der Münchner Kunstakademie. Im Zweiten Weltkrieg aber fallen zahlreiche Bilder des rastlos schaffenden Malers den Bombenangriffen zum Opfer. 1943 wird das Atelier in der Schwabinger Georgenstraße zerstört. Bei einem weiteren Bombenangriff brennt auch die alte Pinakothek. 300 dort gelagerte Bilder Seylers werden ein Opfer der Flammen. Deprimiert und verstört zieht sich der Maler aufs Land zurück. Am 22. November 1955 stirbt der inzwischen wieder in München-Schwabing wohnende Künstler.

Kinopioniere und die ersten »Isar-Western«
Vor den Toren Münchens sind inzwischen die ersten Filmemacher am Werk. Peter Ostermayr, auch Kameramann, Bühnenbildner und Regisseur, erwirbt in der Nähe von Geiselgasteig, einem kleinen Dorf zwischen München und Grünwald, zusammen mit einigen Finanziers 56 Tagwerk

Felder, Wiesen und Wald. Auf dem nun als Filmgelände dienenden Brachland errichtet er ein Glashaus als Atelier. Noch filmt man mit Tageslicht und ohne Scheinwerfer.

Ebenfalls von Anfang an im Filmgeschäft dabei sind August Arnold und Robert Richter, bekannt und legendär geworden durch ihre Kamera- und Filmtechnikfirma »Arnold und Richter« – kurz ARRI – deren Firmenzentrale und Kinoräume sich auch heute noch in der Münchner Türkenstraße 89 befinden.

Auch beim schon 1918 von der »Münchner Lichtspielkunst« produzierten Stummfilm-Western »Der schwarze Jack« steht August Arnold hinter der Kamera. Als Regisseur fungiert Fred Stranz, der zusätzlich als Schauspieler und Drehbuchautor tätig ist. Premiere ist im Dezember 1918 in München.

Unter der Leitung von Fred Stranz entstehen 1920 die Wild-West-Filme »Die Eisenbahnräuber« und »Texas Fred«. 1921 werden »Die Geier der Goldgruben« gedreht. In einer der Hauptrollen ist die Schauspielerin Editha Camphausen zu sehen, die schon 1917 in dem Film »Die Totenkopfreiter« vor der Kamera steht.

Kurz nach dem Ersten Weltkrieg aber sind Arnold und Richter auch als Mitarbeiter in der Produktionsstätte eines längst vergessenen Filmpioniers namens Martin Kopp in der Nordendstraße 45 beschäftigt. Es entstehen die Isarwestern »Die Rache im Goldtal« und »Der Todescowboy«. Dabei stehen Arnold und Richter nicht nur hinter der Kamera, sondern agieren auch als Schauspieler.

Einer aber ist als Allround-Talent und Hans Dampf in allen Gassen fast überall dabei: Der am 27. September 1894 in München geborene Volksschauspieler und vielen als »Münchner Original« geltende Josef Stöckel. Er ist nicht nur künstlerischer Leiter in der Firma A. Engl & Co und bei der »Bayerischen Film-Industrie GmbH«, sondern auch als Schauspieler, Produzent und Drehbuchautor aktiv.

Allein im Jahr 1920 dreht und inszeniert Josef Stöckel, der seinen Vornamen inzwischen in »Joe« umgewandelt hat, die Western- und Abenteuerfilme »Die Todesfahrt des weißen Häuptlings«, »Der Cowboy-Millionär«, »Die Rache des Mexikaners« und »Der Skelettreiter von Colorado«. Insgesamt ist Stöckel in über 170 Filmen zu sehen. Seine bekanntesten und auch im Fernsehen des öfteren wiederholten Filme allerdings sind bayerische Komödien und Volksstücke wie »Der verkaufte Großvater« oder »Das sündige Dorf«.

Elk Eber: Freikorps-Mann und Indianer-Fan

Nach dem Ersten Weltkrieg aber kommen auch bei den Wild-West- und Indianerfans die Nazis ins Bild. Einer der damals bekanntesten Protagonisten ist der Schwabinger Kunstmaler Elk Eber, der eigentlich Wilhelm Emil Eber heißt und am 18. April 1892 in Haardt bei Neustadt an der Weinstraße geboren ist.

Nach einer Ausbildung an der Münchner Kunstgewerbeschule und anschließendem Studium an der Münchner Kunstakademie geht Eber 1914 als Kriegsmaler an die Front. Nach seiner Rückkehr schließt er sich dem Freikorps Oberland an, wechselt zum gefürchteten Freikorps Epp und nimmt 1923 am Hitlerputsch teil.

Als der Zirkus Sarrasani ab Juli 1929 auf der Münchner Theresienwiese gastiert, lässt sich Elk Eber pressewirksam mit dem Indianer White Buffalo Man fotografieren. Der selbst ernannte Häuptling White Horse Eagle, in Wirklichkeit ein Scharlatan und Hochstapler, ernennt Elk Eber zum Ehrenindianer.

Über viele Jahre ist Elk Eber mit dem Mitbegründer und Verwalter des Karl-May-Museums in Radebeul, Patty Frank, befreundet. Dessen Buch »Ein Leben im Banne Karl Mays« wird von Eber ebenso illustriert wie Hans Rudolf Riegers »Lagerfeuer im Indianerland«. Auch heute noch sind im

Karl-May-Museum in Radebeul die Gemälde »Geistertanz« aus dem Jahre 1934 und »Die Indianerschlacht am Little Big Horn« von 1936 zu sehen. Ebenfalls von Eber stammen einige Hintergründe von Dioramen, dessen Figuren der Münchner Bildhauer Vittorio Güttner entwickelt hat. Und natürlich sind auch in den Räumen des Münchner Cowboy Clubs Bilder von Elk Eber zu sehen. »Seine Liebe für den roten Mann und sein Idealismus in dieser Sache führten ihn auch dem Cowboy- und Indianerklub in München zu, dem er als Ehrenmitglied bis zu seinem Tode angehörte.« (4) Der Leiter des Münchner Völkerkunde-Museums ernennt Elk Eber, der mitlerweile selbst eine große Privatsammlung mit Waffen, Gewändern und Federschmuck, »alten indianischen Pfeifen, Tabak- und Medizinbeuteln, Steinbeilen, Tomahawks, Schilden, Revolver und Gewehren« besitzt, zum Berater für die dortige Indianer-Sammlung. 1940 organisiert Eber im Völkerkundemuseum an der Maximilianstraße, heute das »Museum Fünf Kontinente«, eine große Ausstellung über »Leben und Kultur der Prärie-Indianer«.

Als Eber am 12. August 1941 in München stirbt, erinnert die Zeitschrift Münchener Mosaik, damals noch »Kulturelle Monatsschrift der Hauptstadt der Bewegung«, an den Maler und Indianerfreund:

»Wer das Leben dieser Völker so eingehend studiert hat wie Elk Eber, der schätzt diese heldischen und sittlich hochstehenden Menschen über alle Romantik hinweg als Vertreter eines artreinen, tiefreligiösen und kunstsinnigen Volkes. Ebers Studium und der häufige Umgang mit Vertretern dieser Rasse gaben Veranlassung zu zahlreichen Bildern. Bei ihm saßen im Atelier zu Modell unter anderem der Häuptling Black Horn, später die Häuptlinge White Buffalo Man und Pretty Bird. Mit White Buffalo Man und seinem Dolmetscher Lone Bear verband ihn eine große Freundschaft, und manch kostbare Trophäe wanderte aus der Reservation in Süddakota nach München.« (5)

Umzug in der Münchner Innenstadt anläßlich des Karl-May-Volksfestes, 1932.

Auslage von Karl-May Büchern in der Buchhandlung C. Beck (Inh. Haile), Neuhauser Strasse 13, 1932. Die Schaufenster sind mit Western-Motiven dekoriert, darunter das Ölgemälde »Die letzte Indianer-Versammlung« des Malers Claus v. Bergen sowie Western-Gegenstände, die vom CCM ausgeliehen wurden, darunter ein Colt, Sporen, Mokassins, Tabakbeutel und eine Friedenspfeife.

85

»Auf der Ebene erblickten wir eine Anzahl von Indianerzelten« – Ansichtskarte aus einer Postkartenreihe mit Illustrationen zu Karl Mays Erzählungen, um 1900

Sammelbild der Serie »Karl May« der Eilebrecht Cigaretten- und Rauchtabak-Fabriken, Anfang der 1950er Jahre. Der Rückseitentext zu diesem Bild aus der Serie »Winnetou« lautet: »Der Untergang der Komantschen: Nicht der weiße Mann allein trägt Schuld am Untergang der Indianer. Vor allem zerrieben sie sich auch in endlosen Stammesfehden. – So sind auch hier die Komantschen über die Apatschen hergefallen, um zu plündern. Winnetou nimmt die Bestrafung der Feinde in die Hand, um seinen Stamm zu rächen. Mit kluger Berechnung hat er ihre Hauptmacht in einem Talkessel der Mapimi eingeschlossen, aus dem es kein Entrinnen gibt. In nutzlosen Ausfallversuchen zermürben sich die Komantschen, lehnen aber auch jede Verhandlung ab. Schon will Winnetou die Friedensbrecher vernichten. Da bittet Old Shatterhand für sie, und Winnetou spricht noch einmal zum Guten. Freilich vergebens: sie antworten mit einer tückischen Kugel. So ist ihr Schicksal besiegelt.«

Ausstellungspark

Samstag den 2. Juli 1932

Karl-May-Volksfest

mit

Riesen-Feuerwerk Wild-West

Nachmittags: **Kinderfest** Umzug und Preis-
2–6 Uhr Wettspiele u. Mitwirkung v. Indianern und Cowboys zu Fuß und zu Pferd

Nachmittags und abends
Vollbetrieb im Münchener Prater
(60 Volksbelustigungen)

Abends: Lagerleben und Reiter-
6–8 Uhr spiele der Indianer u. Cowboys (Cowboy-Club München-Süd)

9¹⁵–9⁵⁰ **Riesen-Feuerwerk Wild-West** 10 Abteilungen, 65 Glanznummern

Bis 6 Uhr Erwachsene 50 ₰
Kinder (nur in Begl. Erwachsener) 30 ₰
Ab 6 Uhr abds. Einheitspreis 50 ₰

8 Feuerbilder:
Die Friedenspfeife — Gold im Silbersee
Urwald-Idyll — Niagara-Wunder
Am Marterpfahl — Eisenbahn-Ueberfall
Der Präriebrand — Flammen-Tornado

Mitglieder des CCM reiten am 2. Juli 1932 durch die Münchner Innenstadt zum Ausstellungsgelände, wo das Karl-May-Volksfest stattfindet. Die »gewaltige Veranstaltung« (so eine Lokalzeitung) mit Kinderfest und Reiterspielen hatte ein »Riesen-Feuerwerk Wild-West« als Höhepunkt, bei dem mittels Pyrotechnik Westernmotive in den Himmel gezeichnet wurden.

Drogerie
FREMDENZIMMER WEISSES RÖSSL FREMDENZIMMER
AHLBORN

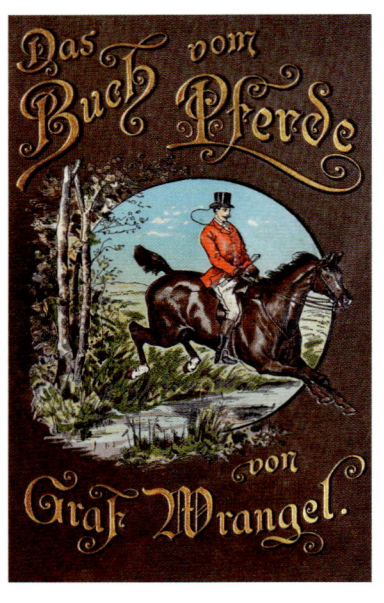

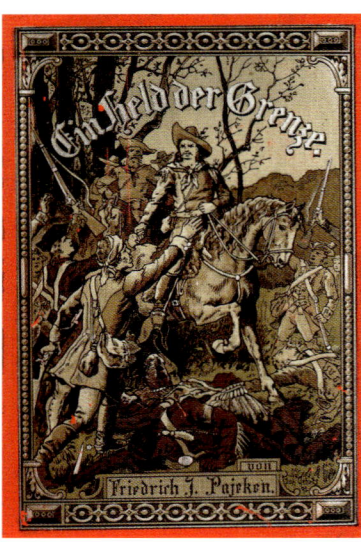

Das Interesse des Cowboy Clubs München lag von Anfang an auch darin, mehr zu erfahren über die Geschichte Amerikas und die Kultur des Wilden Westens. Dazu diente auch der Aufbau einer umfangreichen Bibliothek mit Büchern und Zeitungs- bzw. Zeitschriftenartikeln. Bis auf wenige Bücher wurde die Bibliothek während des Zweiten Weltkriegs zerstört.

91

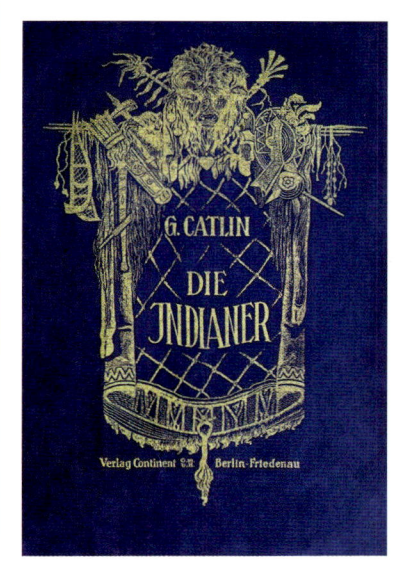

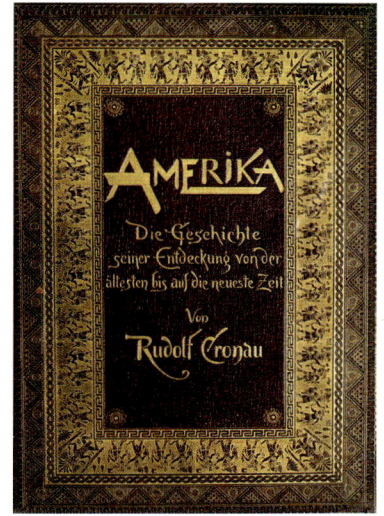

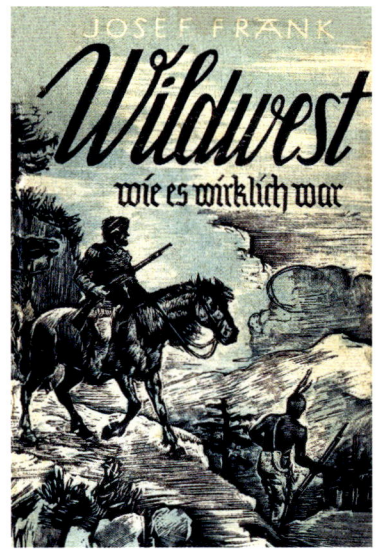

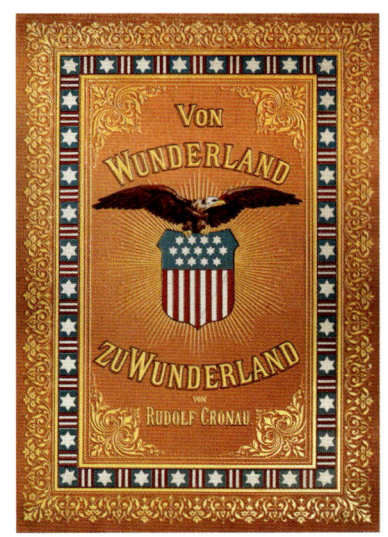

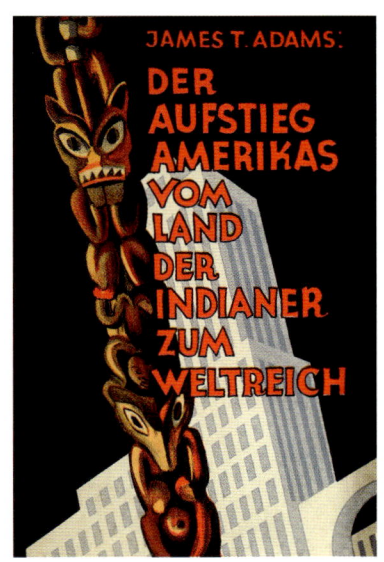

Abb. links
Eine Indianer-Statue für das Karl-May-Museum in Radebeul angefertigt vom Münchner Bildhauer Vittorio Güttner, Ehrenmitglied des CCM, 1932

Abb. oben
Winnetou-Büste von Vittorio Güttner für das Karl-May-Museum, wahrscheinlich 1931

Abb. links
Indianer-Büste (»Sitting Bull«) von Vittorio Güttner

Vittorio Güttner, als Schauspieler im Isarwestern
»Die Rache im Goldtal«, 1919
Regie und Drehbuch: Alfred Paster
Kamera: August Arnold

95

96

»Das Milliardentestament«, August 1919. Regie führte bei diesem Spielfilm Franz Seitz sen. (1888–1952), der, ebenso wie später sein Sohn Franz Seitz jun. (1921–2006), zu einem der bedeutendsten deutschen Regisseure und Produzenten im vergangenen Jahrhundert werden sollte. Auch war der Film einer der ersten Rollen des später beliebten Schauspielers Fritz Kampers (1891–1950).

»Die schwarze Rose«, Filmaufnahmen August 1919

99

Isarwestern:
»Das Heldenmädchen der Prairie«, 1919
Regie: Adolf Engl
Josef »Joe« Stöckel, künstlerischer Leiter der Fa. A. Engl & Co., wird später mehrmals auch mit Karl Valentin zusammen arbeiten, der bereits seit 1912 sein eigenes Filmstudio betrieb.

101

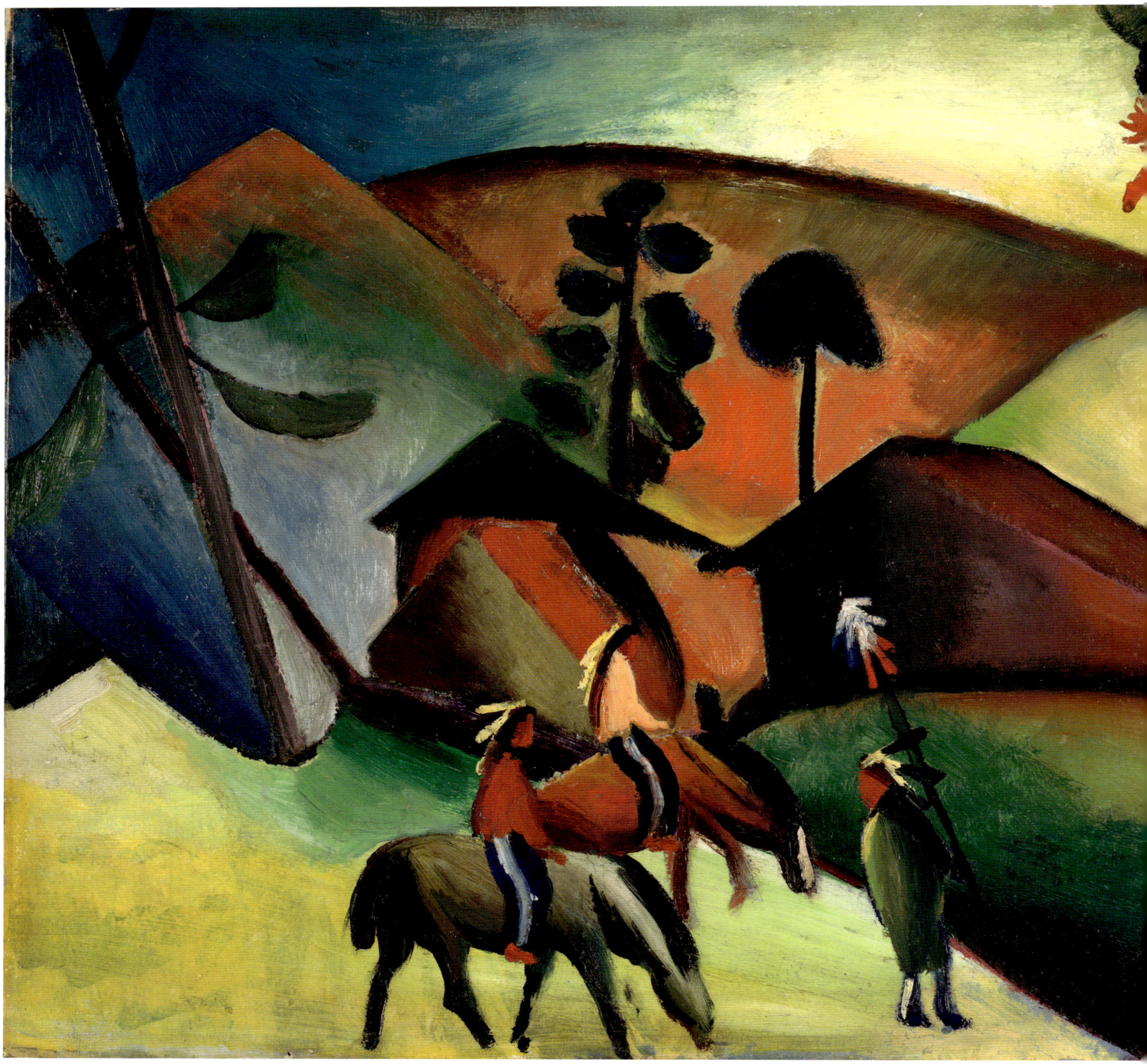

Julius Seyler: »Indianerportrait«. Aquarell + Öl auf Malkarton, ca. 1913/14

August Macke: »Indianer auf Pferden«, 1911

Abb. oben
Julius Seyler: »Stehender Häuptling«. Öl auf Malkarton, ca. 1913/14

Abb. rechts
Julius Seyler: »Schwarzfuß-Indianer zu Pferd«. Öl auf Malkarton, ca. 1912/14

105

Julius Seyler:
»Schwarzfußindianer auf Pferd«. Öl auf Malkarton, ca. 1913/14

Abb. rechte Seite
Julius Seyler:
»Gespräche im Tipi-Lager«. 1913/14

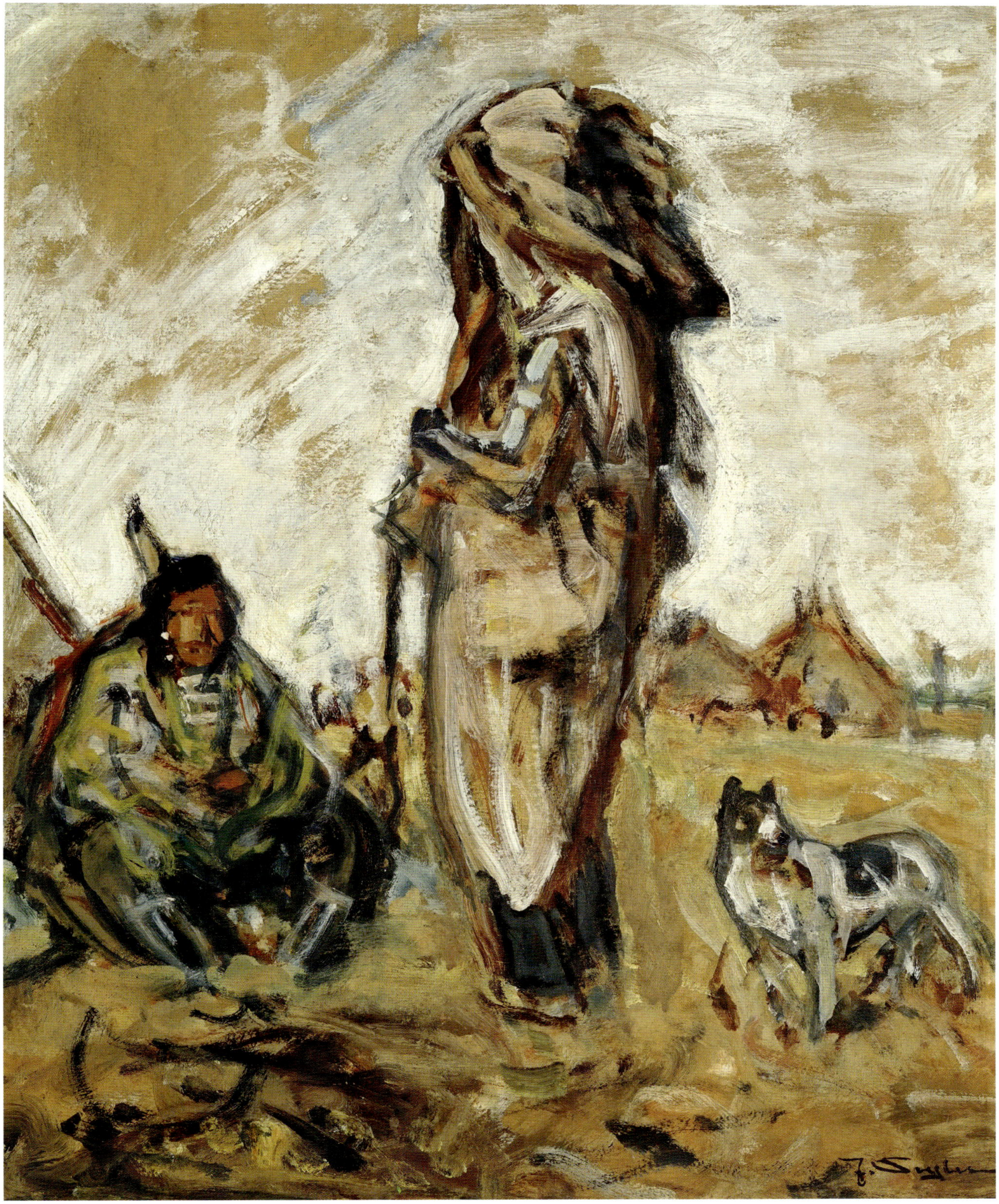

Elk Eber bemalt eine von Vittorio Güttner angefertigte Winnetou-Büste, ca. 1931

»Unser Ehren-
mitglied Elk Eber
beim Aufstellen
eines Tipis im
Ethnographischen
Museum«.

Wilhelm Emil »Elk« Eber: »Reitender Indianer«. Aquarell auf Malpapier, 1924

Mitglieder des Cowboy Clubs, portraitiert von Elk Eber;
die Portraitserie wurde 1932 im Clublokal dauerhaft ausgestellt.

»Rodeoreiter«, Ölgemälde von Peter Hirsch, 1934. Peter Hirsch (1889-1978) gehörte der Münchner Schule an und war eigentlich Portraitmaler.

Max Slevogt:
Lithographien zu
James Fenimore Coopers
»Lederstrumpf-Erzählungen«,
1909.

»Indianerin vor Zelten«,
Aquarell von Fritz Bergen um 1900.

114

Bilder von Fritz Bergen in dem Buch »In der Prairie verlassen« von Bret Harte, um 1900.

Fritz Bergen (geboren 1857 in Dessau – gestorben 1941 in München) war Maler und Illustrator. Er schuf viele Illustrationen für Abenteuererzählungen, darunter auch für Bücher von Karl May.

Abb. oben
Max Oliv (geb. 1930 in München), »Wüstenlandschaft beim Death-Valley«, Öl auf Leinwand

Abb. rechts
Max Oliv, »Weg zum Death-Valley«, Öl auf Leinwand

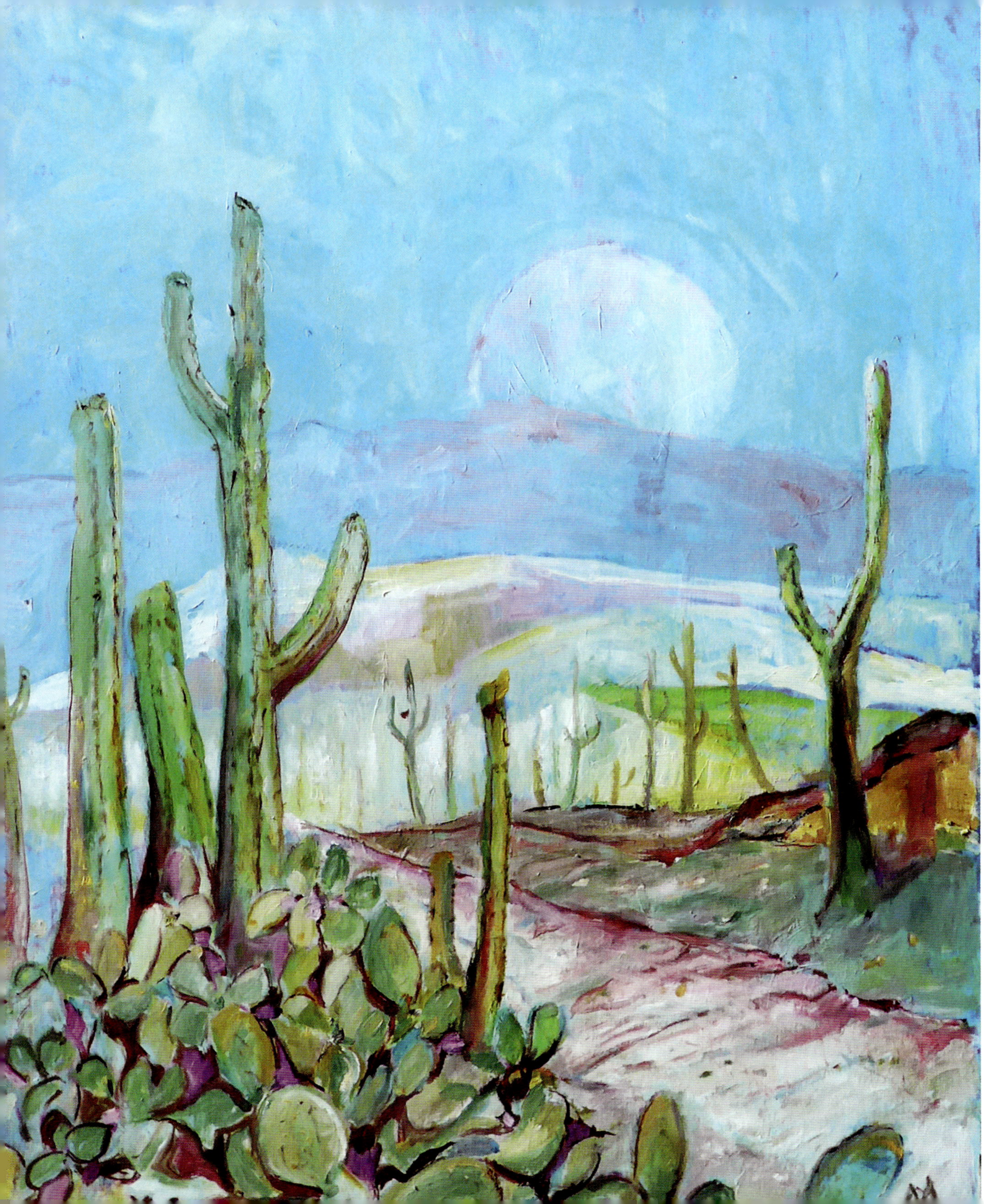

118

Abb. links

Max Oliv, »Aufruf zum Rounddance«, Öl auf Leinwand

Abb. unten

Max Oliv, »Eisenbahngleis gegen Westen«, Öl auf Leinwand

Kino-Aushangfoto des Films TOMAHAWK (1950)

VAN HEFLIN YVONNE De CARLO
Tomahawk
in Technicolor

Der Krieg war kaum zu Ende und schon ritten die Western-Helden auf den Leinwänden in deutschen Kinos über weite Prärien, durch Canyons und Kaktusland immer weiter nach Westen zu den Rocky Mountains. Die Cowboys trieben tausende von Rindern nach Dodge City und Abilene. Sie kämpften gegen Rinder- und Pferdediebe und die Sheriffs jagten gnadenlos die Verbrecher.
Max Oliv

Nachkriegsjahre

Die großen Billboards des Münchner Malers Robert Hetz
Mit den amerikanischen Besatzern kommt auch der internationale Film wieder an die Isar. Über dem Eingang zum Luitpoldkino, das schon im September 1945 unter der Leitung der Kino-Pionierin Lonny van Laak seine erste Nachkriegspremiere hat, sind inzwischen riesige Filmplakate und überdimensionale handgemalte Werbetafeln ebenso zu sehen wie über dem Foyereingang zum »Gross-Kino Kongress-Saal« im Deutschen Museum an der Ludwigsbrücke. Auf Plakatflächen von bis zu 120 Quadratmetern wird für Filme wie »Winchester 73«, »Gauner, Gold und Wilder Westen« oder »Die Todeskarawane« geworben. Zuständig für die Erstellung der grellbunten Reklamebilder ist der Maler, Grafiker und Fotograf Robert Hetz. Bis vor kurzem noch als »Nachtjäger in der Wehrmacht« eingesetzt und am Fliegerhorst Neubiberg stationiert, verdient sich der inzwischen an der Münchner Kunstakademie bei Professor Gött Malerei studierende junge Mann seinen Unterhalt unter anderem mit der Produktion großformatiger Filmwerbung. Seine riesigen »Billboards« gehören alsbald zum charakteristischen Bild Münchens in der Nachkriegszeit und sind typisch für die Kinoreklame in den 1950er und 60er Jahren.

Ab 1954 ist Hetz zusätzlich als Theatermaler an der Bayerischen Staatsoper und im Malersaal des Prinzregententheaters beschäftigt. Bis zu seinem Ruhestand wird Robert Hetz neben seiner Tätigkeit als Fotograf und Herausgeber zahlreicher Fotobände als »Malsaalleiter« des Nationaltheaters in einer riesigen Halle in Feldkirchen bei München tätig sein.

»Wildwest im Vorstadtkino«
Abenteuer- und Wildwestfilme, zu denen die Jugendlichen insbesondere in den 50er Jahren in Scharen pilgern, sind typisch für die Programmauswahl der damaligen Vorstadtkinos. Sigi Sommer, der immer wieder das Leben der »kleinen Leute« in den Münchner Vorstädten beschreibt, widmet zahlreiche seiner Kurzgeschichten dem »Kino an der Ecke«.
»Eingeklemmt zwischen ein verbröselndes Spezereiwarengeschäft und den spinnenblinden Schaufenstern eines Schusterladens döst es schmalbrüstig unter einer dicken Rinde hundertmal übereinander geklebter Plakate vor sich hin. (...) Die Acht-Uhr-Vorstellung ist die eigentliche Spezialzeit der kleinen Flimmermühle. Hauptsächlich dann, wenn der Wild-West-Reisser ›Die eiskalte Hand des

Samuel Bleibauch‹ gezeigt wird. Oder der Arizona-Schlager ›Hängt mich nicht am Vormittag‹.

Denn dann kommen sie von den Hausecken und den Gaslaternen, an denen sie diskutierend standen. Und aus den Mietskasernen, den Rest des abendlichen Spinatgerichtes noch im lächerlichen Bartflaum. Die Stifte und Stenze nämlich, Fortbildungsschüler, Lehrbuben, Mopedritter und die Söhne sorgender Witwen. Sie schleppen sich mühsam daher mit dem orthopädischen Gang ihrer Revolverhelden, die Daumen in den Rückwärtstaschen der verwaschenen Bluejeans, mürrisch, verschlossen und lässig. Sie wollen sich im Innern der kleinen Traumfiliale selbst davon überzeugen, dass der Vier-Finger-Cliff tatsächlich der dreckigste Desperado zwischen Old-Kentucky und Neu-Harlaching war. (...)

Nun wird hin und her verfolgt. Beide Parteien kriegen Verstärkung und hinter Büschen und Felsvorsprüngen wird gelauert, gelauert und immer wieder frisch geladen. Volle zwei Stunden lang knistern die Gänsehäute im Parkett. Aber zum Schluss siegt sie eben doch. Nein, ihr erratet es nicht. Oder doch? Tatsächlich, die Gerechtigkeit macht wieder einmal das Rennen. (...) Die Vorstellung ist aus. Zweiundzwanzig Lehrlinge gingen um acht Uhr in das kleine Vorstadtkino. Um zehn Uhr schlürfen eben so viele mürrische Rächer einsam und stumm nach Hause.« (6)

»Schundheftl«

Im August und September 1959 zeigt der »Schutzverband Bildender Künstler in der Gewerkschaft Kunst« eine Indianer-Ausstellung im Pavillon des Alten Botanischen Gartens. Initiator der Schau ist der Autor, Kuriositäten-Sammler und 1. Vorsitzende des Schutzverbandes Bildender Künstler, Hannes König, der auch das »Valentin-Musäum«, heute Valentin-Karlstad-Museum, im Isartor gegründet hat. Unter dem Titel »Der Wilde Westen wie er wirklich war« sind laut Ausstellungskatalog vor allem »Originalwaffen, Schmuck, Dioramen, Dokumente und Bilder« zu sehen. Und dann kommen immer mehr Groschenhefte und »Schundheftl« auf den Markt. Spätestens Anfang der 1960er Jahre sind an jedem Kiosk und nahezu jedem Zigaretten- und Zeitschriftengeschäft neben Comics, Kriminalromanen und Landser-Geschichten auch die verschiedensten Wild-West-Reihen erhältlich. Schon 1946 zieht der Moewig-Verlag von Dresden nach München in die Türkenstraße 2. Neben Science-Fiction- und Kriminalromanen erscheinen dort die an allen Kiosken erhältlichen Bände der Reihen »Der Cowboy Roman«, »Moewig-Wildwest-Romane« und eine vielteilige Karl-May-Serie.

Ebenfalls in München ansässig ist ein Autor namens Konrad Kölbl, der als Einzelkämpfer unter den Pseudonymen Conny Cöll und Bill Hasting(s) über den eigenen Verlag ab 1952 erfolgreich Westernserien in hohen Auflagen vertreiben lässt.

Viele der Westernreihen aus den 1960er und 70er Jahren sind auch heute noch an Kiosken und in Bahnhofs-Buchhandlungen erhältlich. Zum Teil in der inzwischen zehnten oder fünfzehnten Auflage finden die einfachen, aber doch spannend erzählten Geschichten, noch immer interessierte Käufer.

Abb. rechts
Moderne Cowboys beim Festumzug 1954 anläßlich des 100. Jahrestages der Eingemeindung von Au, Giesing und Haidhausen.

Indianer in der amerikanischen Besatzungzone: Begegnung zweier deutscher »Indianer« des Münchner Cowboy Clubs (rechts) mit einem »echten« Sioux-Indianer (links). Orval Packard (»Swift Deer«) aus South Dakota war als Presse-Verbindungsoffizier beim Europäischen Lufttransportdienst stationiert und war Gast bei mehreren Club-Veranstaltungen bevor er nach Amerika zurückkehrte.

Der Cowboy Club suchte den Kontakt zu den amerikanischen Besatzungstruppen und man lud sich gegenseitig zu Veranstaltungen ein. Das Programmheft zum 35-jährigem Bestehens des Vereins 1948 wurde zweisprachig in deutsch und englisch gedruckt.

»Es sind werktags Beamte, Drogisten, Glasmacher, Tischler und Techniker,
die sich übers Wochenende in diese exotisch ferne Welt flüchten«
(aus: »Sonntags steht Vater am Marterpfahl«, Das neue Weltbild, 17. Juli 1949).
Das Bild zeigt eine Lasso-Übung inmitten des kriegszerstörten München.

Abb. oben
»Wir skalpieren die Preise« – Marketing-Aktion des Kaufhaus Hörhammer, 1976

Abb. rechts
Mitglieder des Cowboy Club München auf der Theresienwiese, 1956

127

128

Abb. links

Münchner Cowboys. Im Vereinshaus des Cowboy Club, der Nockherberg Ranch, wahrscheinlich 1955. (Hinter der Bar steht Anni Obermaier. Vorne in der Mitte ist Wendelin Wallbrunn alias Jimmy Gordon, daneben Toni Koch.)

Abb. unten

1955 lädt die US Army in München zu einem »Country and Western Music Contest« ein. Als »Extra« wurde in der Einladung eine 30-minütige Wild West Show des Münchner Cowboy Clubs angekündigt, »der erste Auftritt vor einem amerikanischen Publikum«.

Anfang der 60er Jahre zog die Ranch des Cowboy Club vom Nockherberg zur Flosslände um. Im Dienste der Deutsch-Amerikanischen Freundschaft unterstützte ein Pionier-Bataillon der US-Army die Planierarbeiten (Abb. rechts). Die Grundsteinlegung erfolgte 1961 mit Oberbürgermeister Hans-Jochen Vogel, der den Club als einen nicht wegzudenkenden Farbtupfen auf der bunten Palette der Landeshauptstadt bezeichnete (Abb. oben). 1963 wurde die neue Ranch eingeweiht.

131

James STEWART · Shelley WINTERS · Dan DURYEA · Stephen McNALLY
in
WINCHESTER '73
GROSS-KINO · KONGRESS-SAAL

R. CORRIGAN · M. TERHUNE · J. KING
3 Cowboys UND 1 MÄDEL
GROSS-KINO · KONGRESS-SAAL

Kinowerbung in München, Plakatgemälde von Robert Hetz über dem Eingang zum Kino des Kongress-Saales des Deutschen Museums an der Ludwigsbrücke

Wildwest in Oberbayern

EINE FILMGROTESKE DER DÖRFLER FILM PRODUKTION
IM VERLEIH DER ALLIANZ-FILM G·M·B·H

DIE DIREKT

beehren

Abb. links
Dreharbeiten zu dem Film
»Wildwest in Oberbayern«
unter Mitwirkung des CCM,
1951

Abb. rechts
Regisseur Joe Stöckel bedankt sich beim Cowboy Club für die Unterstützung

HEUTIGES PROGRAMM
12 UHR MITTAGS
HIGH NOON
COOPER
HIGH NOON

Abb. links
Mitglieder des Cowboy Clubs vor dem Kino der München-Premiere von »12 Uhr mittags«, Anfang Januar 1953

Abb. oben
Der Filmschauspieler Joachim Fuchsberger besucht den CCM. Er ist einer der Hauptdarsteller im Film »Der letzte Mohikaner« von Harald Reinl, der 1965 in die Kinos kam.

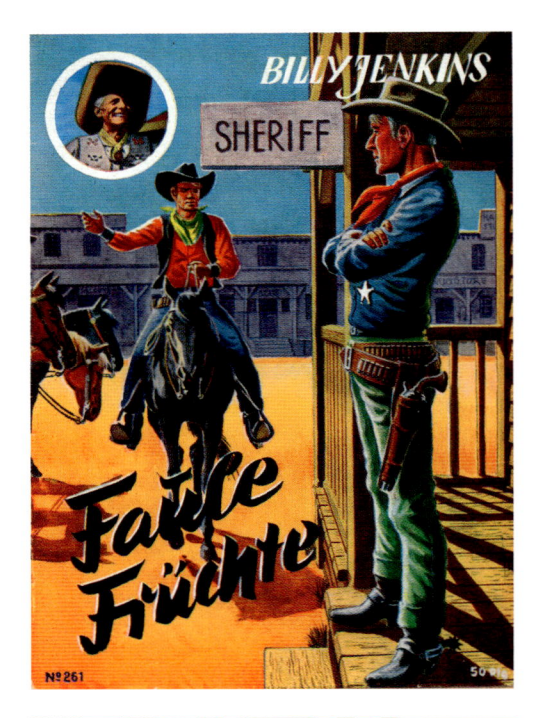

Westernromane von Billy Jenkins wurden 30 Jahre lang verlegt und waren bereits vor dem Zweiten Weltkrieg sehr beliebt. Zwischen 1934 und 1939 erschienen bereits 264 Hefte im Werner Dietsch Verlag Leipzig. Von 1949 bis 1963 erschienen im Uta Verlag und im Pabel Verlag 370 Romanhefte (die im Bild sind aus der Reihe). Billy Jenkins ist der Künstlername von Erich Rudolf Otto Rosenthal (1885–1954), der in einer Zirkusfamilie aufwuchs und in Deutschland Karriere als Zirkusartist machte. Artistisches Reiten, Lassowerfen, das Schießen mit Feuerwaffen und mit Pfeil und Bogen hatte er in den USA erlernt.

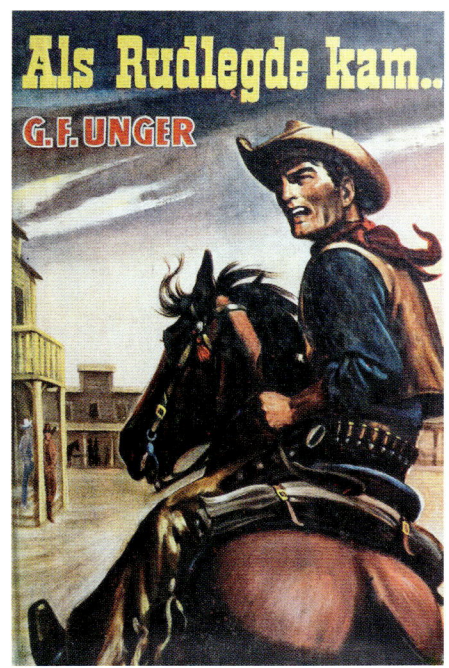

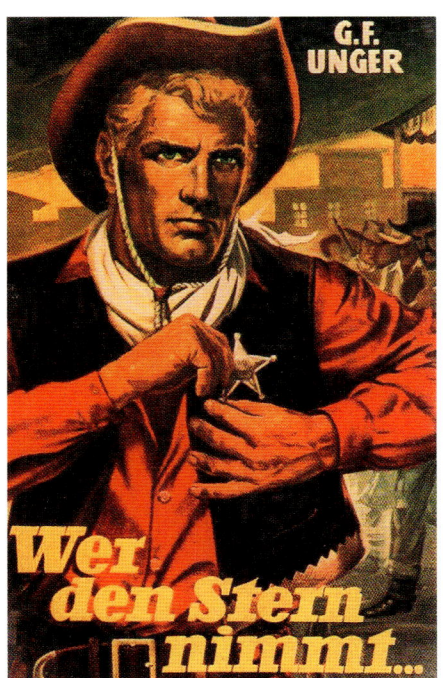

G.F. Unger (1921–2005) war einer der wichtigsten Autoren für Western-Heftromane. Er schrieb 742 Western-Romane mit einer Auflage von mehr als 300 Millionen Exemplaren. Abgebildet sind Ausgaben, die speziell für Leihbüchereien hergestellt wurden.

Silber-Wildwest-Roman

Ein neuer Konrad Kölbl

Konrad Kölbl

Vergeltung

Nr. 473 / 70 Pf

Österreich S 4.—; Schweden Kr. -.95 inkl. oms.

140

Abb. linke Seite
»Groschenroman« von Konrad Kölbl

Abb. diese Seite
Western-Romane aus Münchner Stadtteil-Bibliotheken

Abb. im Hintergrund
Colorierte Portraitaufnahmen der CCM-Mitglieder Jack Hutton (links) und Harry Belfont (rechts) angefertigt von Pecos Kid 1952

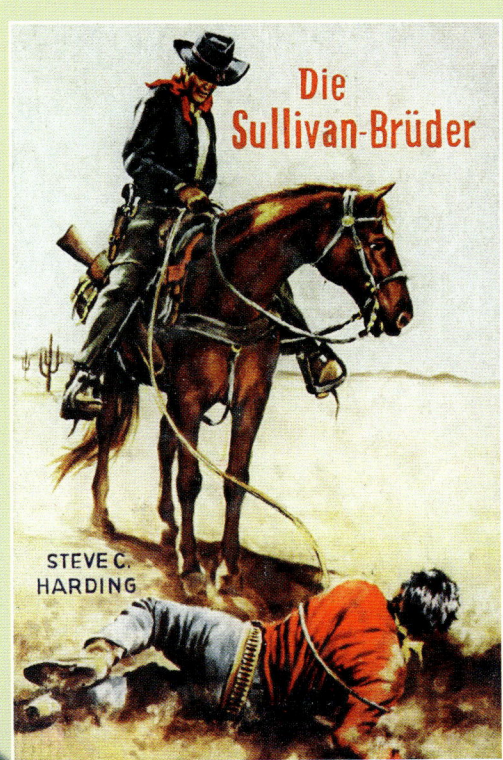

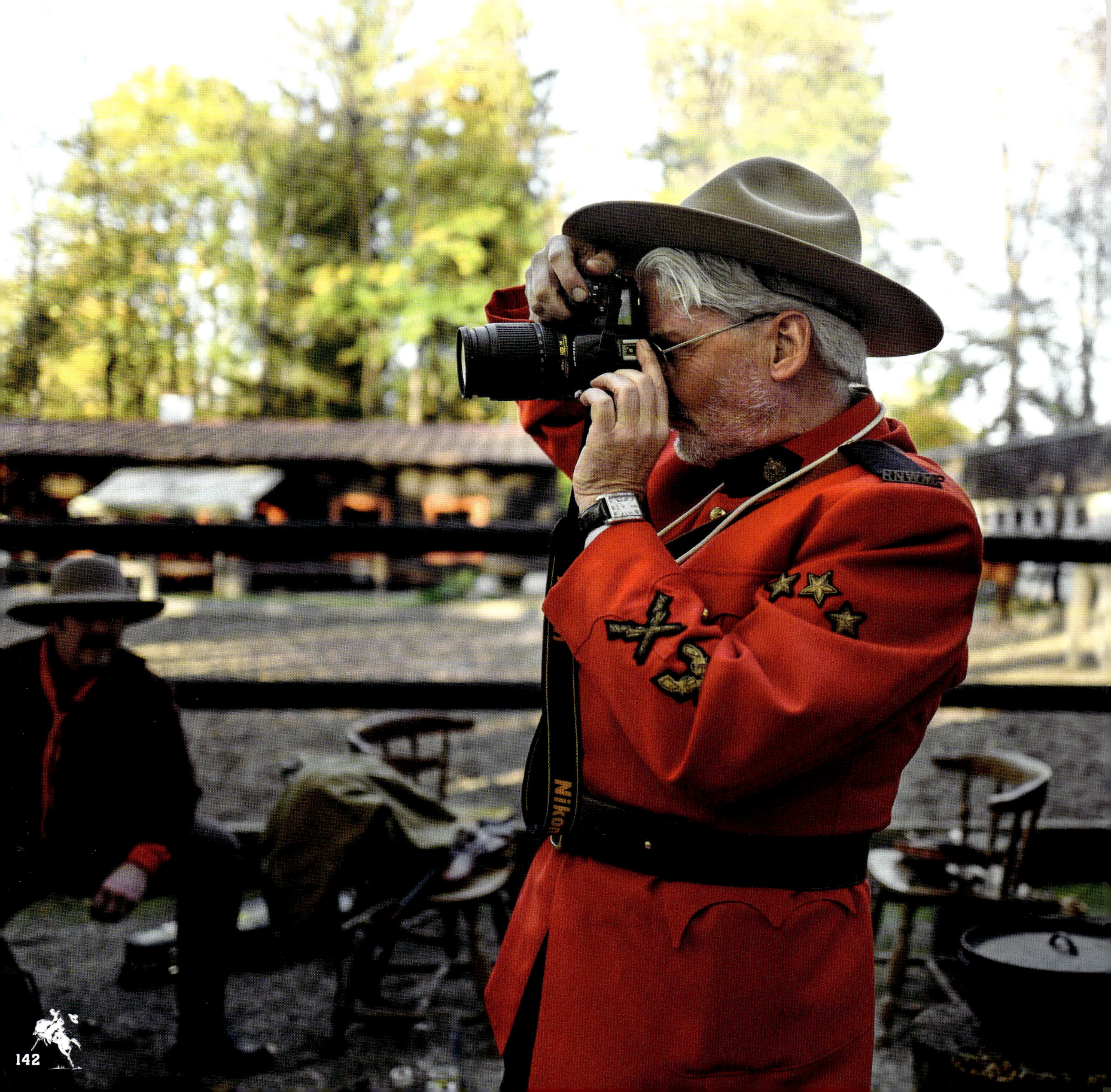
Nikon

Ein echter Revolverfilm begann fast immer mit einem galoppierenden Reiter, der von der Filmleinwand rechts unten direkt in die billigen Parkettplätze hineinsprengte. Mit fünf Schritt Abstand und Zwischenraum folgte des Helden getreuer, aber älterer Freund, der nur drei Finger hatte, einen Bart wie wildgewachsenes Sauerkraut und einen knochentrockenen Humor »extra dry«. So gelangten sie in die staubige Hauptstraße von Bloody Hill.
Sigi Sommer

Der weite Ritt – Ausblick und Schluss

Großstadtindianer und der »Schuh des Manitu«

Inzwischen werden Figuren aus der einschlägigen Wildwest-Romanwelt immer häufiger auch zur Charakterisierung von Politikern und Künstlern verwendet. Der Münchner Oberbürgermeister Karl Scharnagl, von 1924 bis 1933 und nach dem Krieg ab Juni 1945 erneut im Amt, wird schon in den Zwanziger Jahren als »Häuptling Black Eagle« karikiert. Der Musikkritiker Joachim Kaiser bedient sich der Indianer-Literatur und bezeichnet sich im Titel seiner Memoiren aus dem Jahre 2008 als der »Letzte Mohikaner« und der Schriftsteller Sigi Sommer gilt in der Literatur- und Stadtgeschichte ohnehin als Prototyp des »Münchner Großstadtindianers«.

Für den 14. Dezember 1962 ist in den Münchner Zeitungen mit riesigem Werbeaufwand erneut ein »Film-Großereignis« in Sachen Wilder Westen und Karl May angekündigt: Die Münchner Uraufführung von »Der Schatz im Silbersee«, in den Hauptrollen Pierre Brice als Winnetou, Lex Barker als Old Shatterhand, Karin Dor als Ellen Patterson, Götz George als Fred Engel und Eddi Arent als Lord Castlepool. Ort der Premiere ist der in der Bayerstraße zwischen Stachus und Hauptbahnhof neu errichtete Mathäser-Film-Palast, der mit allen technischen Rafinessen, 1.200 Sitzplätzen und einer 21 Meter breiten Großleinwand ausgestattet ist. Auch der Regisseur und Filmkünstler Hans-Jürgen Syberberg, in der Wochenzeitung »Die Zeit« als »der besessenste Regisseur der Nachkriegszeit« bezeichnet, beschäftigt sich mit Karl May. Seine Biografie über den Abenteuer-Schriftsteller aber ist als Mittelteil eines auf insgesamt drei Teile angelegten Film-Zyklus über Mentalität, Irrationalität, Mythen und Seelenleben der Deutschen in Zusammenhang mit der jüngsten Zeitgeschichte konzipiert. Eingerahmt wird das Karl-May-Projekt in der Gesamttrilogie von den Filmen »Ludwig – Requiem für einen jungfräulichen König« und »Hitler, ein Film aus Deutschland«.

Ein Vierteljahrhundert später macht eine weitere Adaption des Karl-May- und Winnetou-Themas, diesmal aber mit erfrischendem Humor und ohne Deutschtümelei, Furore: »Der Schuh des Manitu«. Von Michael Bully Herbig stammen nicht nur die Idee und das Drehbuch, er führt auch Regie und ist im Film zusätzlich in einer Doppelrolle als Abahachi und Winnetouch zu sehen. Die Produktion schlägt alle Rekorde. Mit nahezu zwölf Millionen Besuchern ist die Komödie die erfolgreichste deutsche Filmproduktion der Jahre 2001/2002.

Seitdem aber ist es stiller geworden um den »Wilden Westen« in München. Die legendären Karl-May-Bände mit den farbigen Einbänden und der goldenen Schrift, die fast 100 Jahre ihre Leser begeisterten, sind aus den Buchhandlungen verschwunden. Cowboy-Hefte und Western-Comics sind nur noch in den Zeitschriftenläden der Bahnhöfe erhältlich und Cowboy- und Indianerfiguren nur noch auf Flohmärkten und bei Sammlern zu finden.

In den Multiplex-Kinos aber beherrschen inzwischen Mittelalterfilme, Fantasygeschichten und die Superheroen der amerikanischen Marvel-Comics die Spielpläne. Und doch ist die Geschichte des »Wilden Westens« noch nicht zu Ende erzählt. Denn auch in einer digital vernetzten und unübersichtlicher werdenden Welt wird der romantische Mythos vom »lonesome cowboy« weiter geträumt. Auch in München.

Lagerfeuer vs. World Wide Web

Vereins-Vorstand Herbert Köpf alias »Billy Cherokee« ist Mitglied seit 1970. Die Vereinsnamen muss man sich im Club in einer besonderen Taufzeremonie »verdienen«.

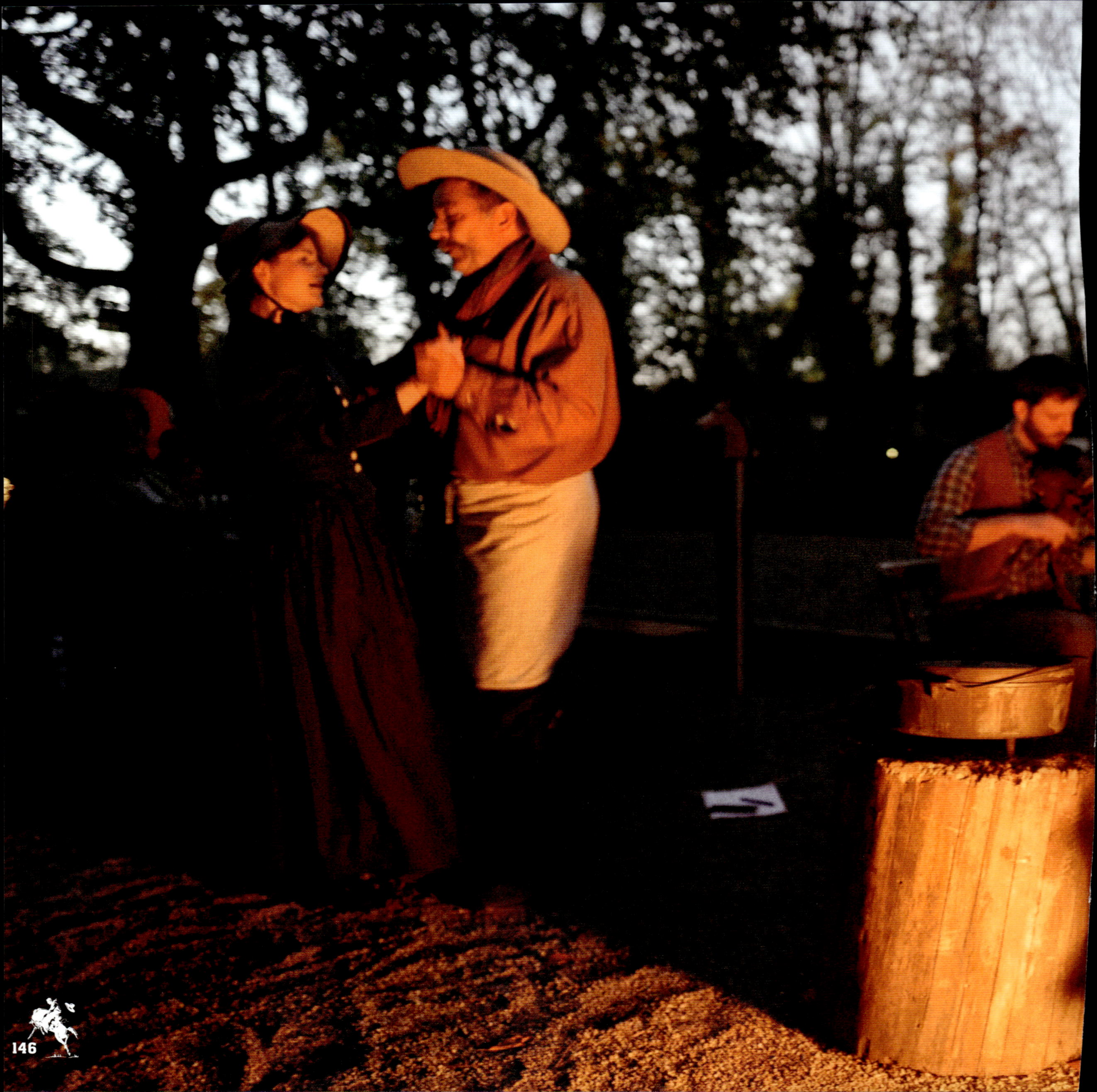

Versteckt an der Isar befindet sich mitten in München eine winzige Parzelle Wilder Westen. Nach einem Besuch beim Tag der offenen Türe 2017 war Alessandra Schellnegger so beeindruckt, dass sie spontan beschlossen hat, diesem Mikrokosmos ein eigenes Foto-Projekt zu widmen. Die Fotografin, die unter anderem für die Süddeutsche Zeitung arbeitet, hat den Cowboy Club München über ein Jahr lang begleitet und dabei versucht, mit ihrer Kamera hinter die Westernkulissen zu blicken. Weit entfernt von Wildwest-Anarchie oder reiner Nostalgie dreht es sich in dieser originalgetreu gestalteten Parallelwelt vor allem um Fragen der Identität: Wer bin ich? Wie sehe ich mich selbst und wie will ich gesehen werden? Themen, die nicht nur im Cowboy Club von großer Bedeutung sind und denen Alessandra Schellnegger in ihren Fotografien näher zu kommen versucht.

Abb. links
Jährliches Herbstfest, zu dem auch verwandte Clubs aus ganz Deutschland eingeladen werden: Eine Woche Cowboyromantik in historischem Outfit mit Lagerleben und Kulturprogramm.

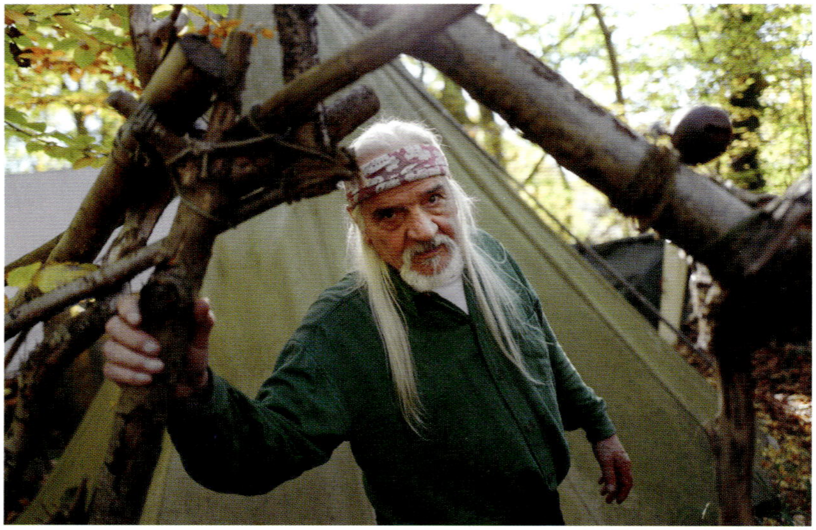

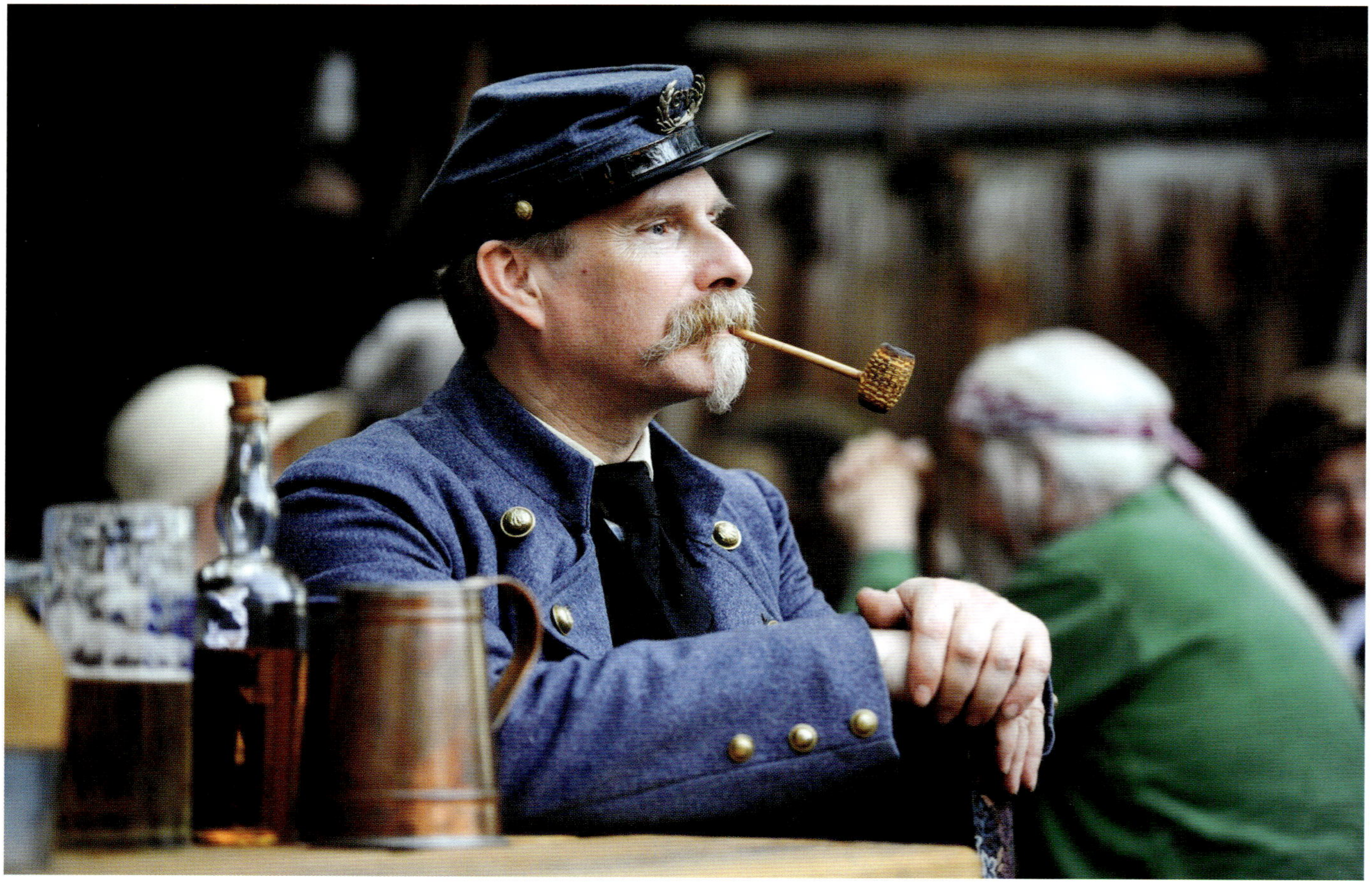

Abb. linke Seiten oben
»Little Crow« ist mit 82 Jahren eines der ältesten Mitglieder im Club. Der ehemalige Trickfilmer ist seit über einem halben Jahrhundert dabei und hat sein eigenes Tipi über die Jahre originalgetreu ausgebaut.

Abb. linke Seiten unten
Verdiente Ruhe und Entspannung für einen »Veteranen« vor der clubeigenen »Trading Post«.

Abb. rechts
Nicht nur was für echte Männer: Beim Reenactment – wie sich das detailgetreue Nachstellen historischer Lebenswelten heute nennt – wird höchster Wert auf »historical correctness« gelegt – von der Kleidung bis zum Trinkgefäß.

Zusammen mit seinem Vater war »William Howard« bereits als Kind auf dem CCM-Gelände unterwegs. Der pensionierte Maurer schätzt die Ruhe und die Natur und kann hier seine handwerkliche Begabung gut einsetzen: das Büffelfell hat er selbst gegerbt, die Bleikugeln für sein Gewehr selber gegossen. Er baut indianische Bögen aus Holz, näht Tabaksbeutel und auch sonst sind fast alle Requisiten bei ihm selbstgemacht. Zusammen mit seiner Frau Ursel lebt er oft tagelang in seinem Zelt auf dem Vereinsgelände: »Der Cowboy-Club ist mein Leben, mein Lebensmittelpunkt«, sagt er. »Eine Frau, die das Hobby nicht teilt, würde nicht zu mir passen.«

California Cap Company

Beim jährlichen Tag der offenen Tür stellen die Vereinsmitglieder Personen aus verschieden Epochen der amerikanischen Geschichte dar – von den ersten Siedlern bis ins 20. Jahrhundert.

Gerhard als »Private« / einfacher Soldat der konföderierten Armee aus dem amerikanischen Bürgerkrieg (1861–65).

Robert als Longhunter/ östliche USA während des Unabhängigkeitskrieges (um 1770–1780).

Arnulf (Clubname: »Waŋblí- šuŋgmánitu Táŋka«) als Lakota-Krieger.

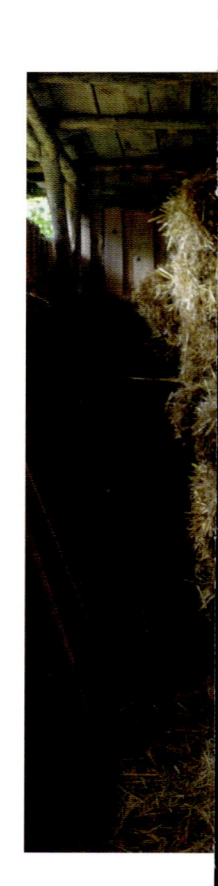

Christina (Clubname: »Broken Hand«) als Siedlerin im selbstgenähten Arbeitskleid, Mitte 19. Jahrhundert;
Werner (Clubname »William Howard«) als Büffeljäger 1874;
»die Yankees« (v.l.): Werner, Bernhard und Martin als 1th US Cavalry, amerikanischer Bürgerkrieg / abgesessene Truppe.

Regelmäßiger Stalldienst bei den clubeigenen Pferden ist für alle CCM-Mitglieder Pflicht. Ausmisten, füttern und pflegen – und danach ein Ausritt in die Isarauen: eine Aufgabe, die auch Volker und seine beiden Töchter Linda und Laura immer wieder sehr gerne übernehmen.

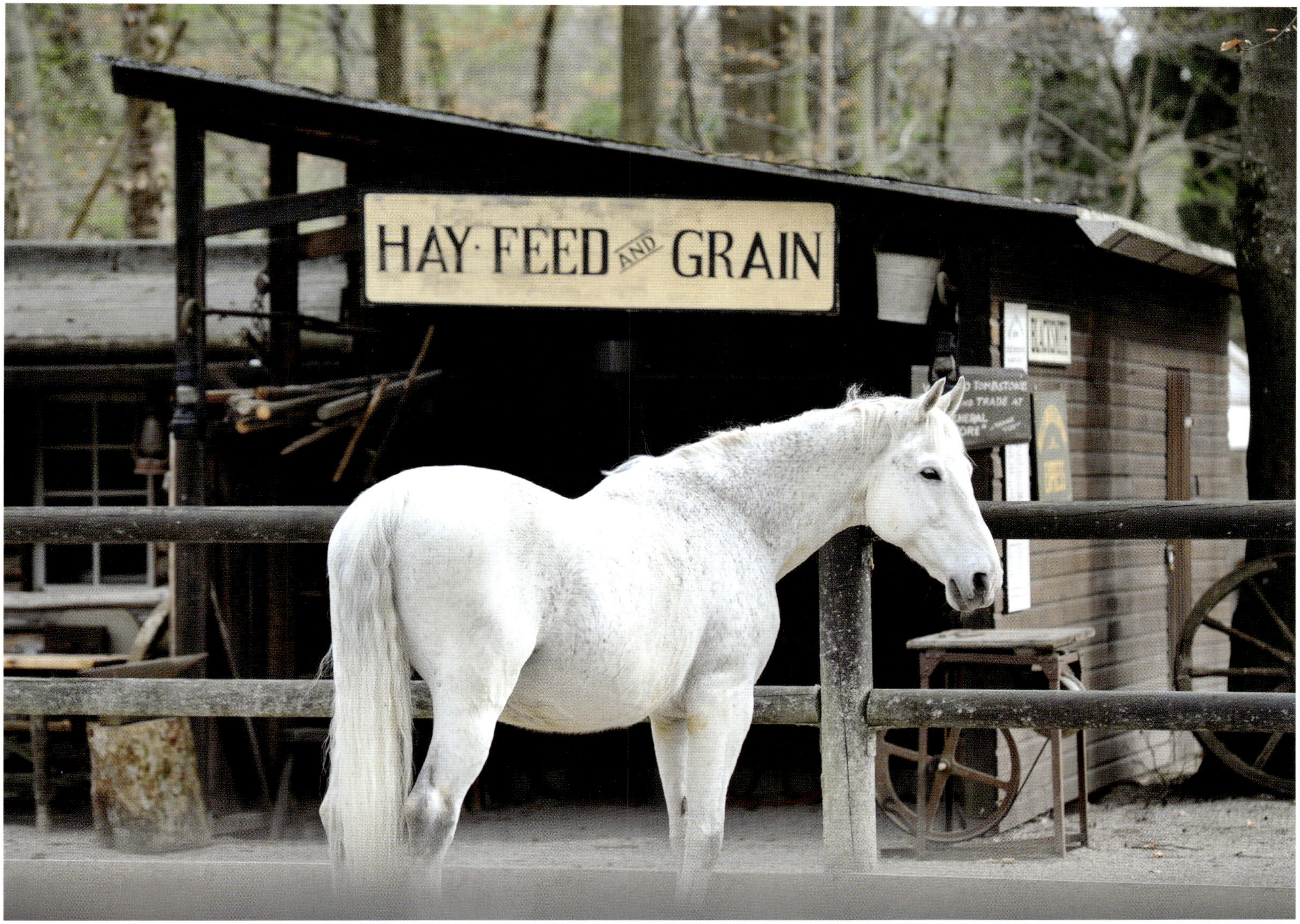
HAY·FEED AND GRAIN

Vorträge, Feiern, Tanzabende und Mitgliederversammlungen: Der Saloon, der auch ein kleines Museum beherbergt, ist der zentrale Ort des Vereins.

159

Cowboy Club München 1913 e.V.
Seit nunmehr über 100 Jahren gehört der »Cowboy Club München 1913 e.V.« als ein wichtiger Teil zur Münchner Vereinsgeschichte.
Im Jahr 1913 gründeten Fred Sommer, Martin Fromberger und Hermann Sommer den Losverein »Wild West« in München.
Ihr Ziel war es, mit einem entsprechenden Gewinn nach Amerika auszuwandern – was u.a. durch den Ausbruch des Ersten Weltkrieges nie geschah. Das Interesse an der Geschichte und der Kultur des »Wilden Westens« blieb trotzdem.
Nach vielen Jahren, in den Hinterzimmern verschiedener Gaststätten, erfüllt sich der Traum von einer eigenen Ranch.
Die Ranch, in Thalkirchen, verfügt über einen originalgetreuen Saloon und ein Museum in dem echte Indianer- und Cowboy Bekleidung und Ausrüstung ausgestellt sind.
Ferner gibt es Pferde, eine Handelsstation, eine Reitbahn, Tipis und genügend Platz für Aktivitäten.
www.cowboyclub.de

Westernclub Alamo Vaterstetten e.V.
Am 05.10.1990 gründete eine Handvoll Freunde in der »Gockel-Ranch« in Vaterstetten unseren Club, dem nunmehr fast 70 Mitglieder angehören. Alle vereint sie das gemeinsame Hobby, die theoretische und praktische Beschäftigung mit der Geschichte der Pionierzeit Amerikas. Dazu steht unseren Mitgliedern unsere umfangreiche Clubbibliothek mit reichhaltiger Fachliteratur zur Verfügung und in Diskussionen, Vorträgen und Filmveranstaltungen vertiefen wir unser historisches Grundlagenwissen.
www.westernclub-alamo.de

Tipi Gesellschaft e.V. München
Die Tipi Gesellschaft e.V. München wurde im Januar 1987 gegründet. Der grösste Teil der Mitglieder stellt Indianer verschiedener Stämme dar, gefolgt von den Hobbyisten des 18. Jahrhunderts, (Schwerpunkt ist die Zeit der Kolonialkriege und der Amerikanischen Revolution 1740-1790). Der Verein besitzt kein eigenes Gelände und hat wegen der Wohnorte der Mitglieder in den verschiedensten Regionen Deutschlands auch kein Vereinsleben im eigentlichen Sinne.
tipigesellschaft@aol.com

Colorado-Boy's München e.V.
Gegründet wurde der Verein »Colorado Boys München e.V.« im Jahr 1957.
1980 wurde unser Vereinsheim/Ranch in Karlsfeld gebaut, wo wir heute noch sind. Von Interesse sind nicht nur die typischen männlichen Westernhobbys, sondern auch die Pflege kultureller Bräuche, wie dem »Old Squaredance«. Seit 1998 werden auch mexikanische Tänze aus Jalisco, Veracruz und Tex-Mex gelernt, trainiert und auch aufgeführt.
www.coloradoboys.de

Wild West Girls e.V. and Boys

Wild West Girls e.V.
Cancan meets Wild West: Wir, die Wild West Girls and Boys, verbinden in unseren Shows Original- und Showtänze zu neuen Choreografien, mit denen wir seit 11 Jahren unser Publikum unterhalten. Ob Cancan, Cowboys, Flaggenparade oder Couple-Tänze: wir haben für jedes Publikum das passende Programm – das alles im Herzen von München. Von hier aus sind wir mit unseren Shows in ganz Süddeutschland und darüber hinaus unterwegs.
www.cancan-und-westernshow.de

... ausserdem finden sich noch folgende Wild West Vereine in München:

Texas Boys München e.V.
Vereinslokal: Bürgerpark Oberföhring

US Cavalry Historical Club of Germany e.V.
www.1st-us-cavalry.de

Arizona Boys München e.V.
www.arizona-boys.de

Quellenverzeichnis

(1) Vergl. Nachwort von S.C. Augustin in Karl May, tödliches Feuer, Bd 6, S. 452
(2) Frankfurter Zeitung, 1. 4. 1937, Reprint in Mitteilungen der Karl-May-Gesellschaft Nr. 71, Februar 1987, S. 25 Gesellschaft Nr. 71, Februar 1987, S. 25
(3) »Das Magazin«, Zeitschrift für »Kultur, Gesellschaft und Leben«, Jahrgang 77, Heft 4
(4) Münchener Mosaik, Kulturelle Monatsschrift der Hauptstadt der Bewegung, 5. Jahrgang, Februar 1942
(5) Münchener Mosaik, Kulturelle Monatsschrift der Hauptstadt der Bewegung, 5. Jahrgang, Februar 1942
(6) Siegfried Sommer, Wildwest in den Vorstädten, Abendzeitung, 13./14. Oktober 1962

Literaturverzeichnis

Augustin S. C. in Karl May, Tödliches Feuer, Band 6, Nymphenburger in der F. A. Herbig Verlagsbuchhandlung, München 1996
Augustin Siegfried: Für und wider Karl May. Aus des Dichters schwersten Jahren. KMG-Presse, Ubstadt 1995
Diem Eugen (Hrsg.), Julius Seyler – Briefe und Bilder, Hugo Schmidt Verlag, München 1933
Dreesbach Anne, Gezähmte Wilde – Die Zurschaustellung »exotischer« Menschen in Deutschland 1870-1940, Campus Verlag GmbH, Frankfurt/Main 2005 (Dissertation an der Ludwig-Maximilians-Universität 2003)
Engl A., A. Engl & Co, Firmenprospekt, o. J.
Fernau Rudolf, Als Lied begann's, Deutscher Taschenbuch Verlag, München 1975
Golleck Rosel, Indianer, Sturm und Masken, in August Macke – Gemälde, Aquarelle, Zeichnungen, hrsg. von Ernst-Gerhard Güse, Bruckmann Verlag, München 1986
Güse Ernst-Gerhard, August Macke – Gemälde, Aquarelle, Zeichnungen, Bruckmann Verlag, München 1986
Kreis Karl Markus, Die wilden Indianer in ihrem bunten Geflitter – Zur Entstehung eines Stereotyps am Beispiel von »Buffalo Bill's Wild West« in Dortmund 1891, Zeitgenössische Materialien zusammengestellt und herausgegeben von Karl Markus Kreis, Fachhochschule Dortmund Fachbereich Sozialpädagogik, Juli 1993
Kroll Bruno, Julius Seyler, Rembrandt-Verlag, Berlin 1940
Oliv Max, Geschichts- und Ursachenforschung, Beitrag über Gründung und Entwicklung der ersten Vereine bis zu den Councils, Western Bund e.V., München 2004
Schmidt-Dengler Wendelin, Leb wohl Scharlih, in Falter 9/92
Sommer Siegfried, Das kommt nie wieder, Wilhelm Goldmann Verlag, München o. J.
Sommer Siegfried, Wildwest in den Vorstädten, Abendzeitung, 13./14. Oktober 1962
Sonderheft der Karl-May-Gesellschaft Nr. 104/1995
Spiegel Sibylle, Buffalo Bill´s Wildwest in München - Eine Veranstaltung von »höherem wissenschaftlichen Interesse«, Studien und Quellen zur Geschichte der Vergnügungskultur, Heft 5, Spiegel & Co, Gerolzhofen 2002
Stosch-Sarrasani Hans, Durch die Welt im Zirkuszelt, Schützen-Verlag, Berlin 1940
Wichmanns Siegfried, Julius Seyler, Galerie und Kunstverlag Bubenik, Briennerstraße 5, München 2
Zeitungen, Zeitschriften, Periodika und Kataloge
50 Jahre Arnold und Richter München 1917 bis 1967, Jubiläumsband, Firmenausgabe
Bayrischer Courir, 7. Juli 1897
Deutsche Illustrierte Rundschau, Verlag Hanns Eder, München, Schellingstraße 39, Jg. 1926, Nr. 13/14
Frankfurter Zeitung, 1. 4. 1937, Reprint in Mitteilungen der Karl-May-Gesellschaft, Nr. 71, Februar 1987
Hölzl-Journal, Das Bayrische Hollywood, München-Grünwald August 1975
Prof. Dr. G. Jägers Monatsblatt, Zeitschrift für Gesundheitspflege und Lebenslehre. 18. Jahrgang, Nr. 9, September 1899. Reprint bei Klußmeier Gerhard und Hainer Plaul, Karl May. Biographie in Dokumenten und Bildern, Olms Presse, Hildesheim 1992
Münchener Mosaik, Kulturelle Monatsschrift der Hauptstadt der Bewegung, 5. Jahrgang, Februar 1942
Münchner Neueste Nachrichten
Sonderheft der Karl-May-Gesellschaft Nr. 104/1995
Herausgeber und Verlag: Karl-May-Gesellschaft e.V., Hamburg

Bildnachweis

Alessandra Schellnegger: S. 142-159 | Alfred Büllesbach: S. 162 | Archiv Hermann Wilhelm, München: S. 113, 140 l., 141 l. | Archiv Max Oliv: S. 27, 29, 36/37, 94-101, 116-119 | Archiv morisel Verlag, München: S. 70, 71, 77, 86, 87 | Gerhard Lack, München: S. 14, 15, 82 r., 91 (1x), 138, 139 | Haidhausen-Museum/Sammlung Konrad Hetz: 132, 133 | Library of Congress, Washington: S. 8, 9, 10 | Münchner Stadtmuseum, Sammlung Graphik, Gemälde: S. 12, 16/17, 18, 19 | Städtische Galerie im Lenbachhaus und Kunstbau München: S. 102 | Sammlung Stein, München: S. 13 r.o., 93 l., 103 bis 107, 110, 112, 114 l.
Alle übrigen Aufnahmen stammen aus dem Archiv des Cowboy Club München.

Abbildungen Umschlag: Vorderseite Cowboy Club München; Rückseite Cowboy Club München (3), morisel Verlag (1), Archiv Max Oliv (1)

Der Autor und der Verlag haben sich bemüht, sämtliche Rechteinhaber der Abbildungen ausfindig zu machen. Trotz sorgfältiger Nachforschungen ist das möglicherweise nicht bei allen Abbildungen gelungen. Wir bitten daher, sich gegebenenfalls an den Verlag zu wenden. Kontakt: mail@morisel.de

CHRONIK DES COWBOY-CLUB MUENCHEN 1913 E.V.

Dies ist kein Bilderbuch, sondern ein wertvolles Clubdokument! Deshalb grösste Schonung!

Impressum

Hermann Wilhelm
Wildwest München
Sehnsucht, Abenteuer & Romantik in der Stadt

ISBN: 978-3-943915-36-5

©2019 morisel Verlag, München
www.morisel.de | mail@morisel.de

Die Deutsche Nationalbibliothek verzeichnet diese Publikation in der Deutschen Nationalbibliografie; detaillierte bibliografische Daten sind im Internet über http://dnb.de abrufbar.

Gestaltung und Satz: Christin Albert
Druck: Interpress, Budapest
Printed in Hungary

Alle Rechte vorbehalten. Ohne ausdrückliche Genehmigung des Verlages ist es nicht gestattet, dieses Buch oder Teile daraus zu verarbeiten oder zu verbreiten.

Abb. linke Seiten oben
Der Saloon des CCM: Er wird auch häufig von Münchnern für Hochzeiten, Familien- oder Firmenfeiern angemietet – jeder ist willkommen.

GESCHICHTE BEI *morisel*

Carl Haensel
Der Kamf ums Matterhorn
Roman über die dramatische Erstbesteigung 1865

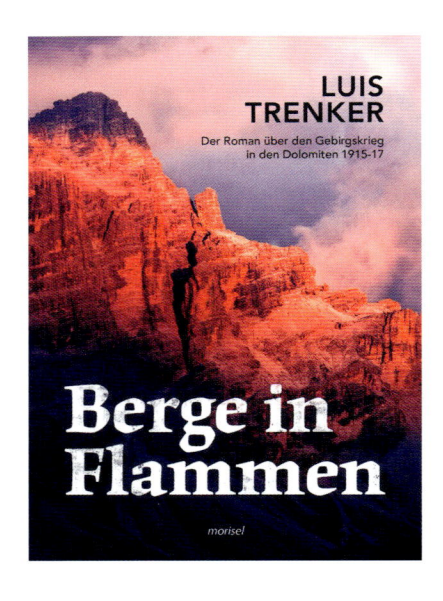

Luis Trenker
Berge in Flammen
Der Roman über den Gebirgskrieg in den Dolomiten 1915–17

Horst-Pierre Bothien
Bonn-sur-le-Rhin
Die Besatzungszeit 1918–1926

Jörg Bielefeld und Alfred Büllesbach
Bismarcktürme
Architektur – Geschichte – Landschaftserlebnis

Emanuel Hübner
Olympia in Berlin
Amateurfotografen sehen die Olympischen Spiele 1936

Friedemann Beyer
Die Ufa
Ein Film-Universum